为 人 生 提 供 领 跑 世 界 的 力 量

BLACK SWAN

THE BONUS OF TREND

趋势红利

传统企业如何骑在新世界的背上

刘润◎著　叶光森◎整理

文化发展出版社
Cultural Development Press

图书在版编目（CIP）数据

趋势红利 / 刘润著. —北京：文化发展出版社有限公司，2016.6

ISBN 978-7-5142-1327-0

Ⅰ. ①趋… Ⅱ. ①刘… Ⅲ. ①网络经济—通俗读物 Ⅳ. ①F062.5-49

中国版本图书馆CIP数据核字(2016)第102186号

趋势红利

作者：刘　润

责任编辑：肖润征
特约监制：魏　玲
特约策划：王泽阳
产品经理：侯梦婷
特约编辑：李芳芳
思维导图：罗　斯
封面设计：红杉林文化
出版发行：文化发展出版社有限公司
网址：www.pprint.cn
经销：各地新华书店
印刷：北京鹏润伟业印刷有限公司

开本：170mm×240mm
字数：160千字
印张：14.5
印次：2016年6月第1版　2016年6月第1次印刷
定价：45.00元
ISBN：978-7-5142-1327-0

CONTENTS

目录

第一章　渠道：流量红利

俗话说“火车一响，黄金万两”，古往今来，流量的目的是“商品可得性”，有流量才有生意。无论传统渠道还是电商渠道，企业赢利的秘诀在于不断寻找新的流量红利，那么，如何获得这个时代的流量红利？

第二章　营销：社交红利

移动互联网时代，连接效率的极大提升，人与人之间的距离大大缩短，品牌价值，越来越依靠“口口相传”带来的口碑效应。营销的目的，正是为了增加“或然购买率”，不断发现新的社交红利，事半功倍地获得新时代的品牌形象和沉淀价值。

第三章 产品：创新红利

创新，是每个时代都不会消失的红利，只是在这个时代，尤为突出。唯有创新，才能不同，唯有不同，才有高利。

第四章 组织：全脑红利

传统企业转型的问题，到最后都是组织的问题。所有的转型方法论的“不落地”，都是因为没有深刻地触及组织问题。一切转型的问题，到最后，都会触动到现有组织的既得利益，一切的问题，最终都是组织问题。

PREFACE

自序

中国企业危机的根源：有效知识不足

知识就是力量，而近几年中国的经济界和企业界面对转型难题普遍有无能为力之感，这说明中国的宏观经济和企业运营知识所提供的力量不够了。

2015年，我有幸作为主讲者之一，参与了三场由吴晓波频道主办的“传统企业转型千人大课”，亲眼见证了企业家们对于转型知识的热切渴望，这恰恰反映了当前有效知识供应是不足的，这是中国企业集体陷入困境的根源。

例如，大家对“互联网+”缺乏一个基本共识。互联网信仰者喜欢把互联网外延扩大化，比如3D打印、人工智能、工业化4.0；

批评者喜欢把外延缩小化，不就是聊聊天、打打游戏吗，你用互联网做顿饭、造个空调试试。其实，今天中国企业面临的变化远不止来自互联网，还来自人口结构、汇率机制、产业结构、贫富差距等。与其说问题是“互联网化”，不如说是面对大变革的“进化”。把要素（互联网）的变化放到系统（经济、产业、企业）中，才能推导出新逻辑、新方法。

我们都说，互联网解决了“信息不对称”的问题。在信息对称甚至有些泰山压顶般而来的时代，由于从信息中产生知识的速度跟不上，我们反而正在经历“信息过剩，知识不足”的窘境。怎么办？用系统论去观察实践，参与实践，提炼出知识，再指导实践，才是不二的法门。

近两年，我在为中国企业的“进化”提供有效知识方面做了一些自己的努力。

一方面是努力进行理论探索，正如心理学家库尔特·勒温所说，“没有什么比一个好的理论更实际的了”。

理论探索无疑是艰难的，除了大量阅读国内外优秀著作和文章，每当我想不明白问题的时候，就远离问题，在大自然中寻找万事万物的答案。

如果说，2014年我追随好友曲向东（“玄奘之路”戈壁挑战赛、极之美极地旅行机构创始人）去加拉帕戈斯探寻生物进化的逻辑是源自对这个世界的好奇和心血来潮，那么，2016年我带领一群企业家穿越半个地球，再次来到赤道上这个神秘群岛，就真的是蓄谋已久了，而且是一场近200年之久的蓄谋。

近200年前（1835年），26岁的达尔文随着贝格尔号来到南美洲赤道群岛加拉帕戈斯。作为一位博物学家，他在这里逗留了5个星期，登上了13个小岛中的4个，采集了很多生物标本。在岛上的研究、后来的研究以及其他生物学家的帮助，让他思索：为什么同一种雀在不同的岛上喙部长得不同？1859年，达尔文提出了举世闻名的“进化论”。

加拉帕戈斯群岛，因此被称为进化岛；这种雀，被称为达尔文雀。

而我的这场蓄谋就是：从生物进化的逻辑中，体悟商业进化的线索。

我的收获是：从生物“物竞—天择”的进化逻辑中，悟到了企业“创新—选择”的进化逻辑。

中国企业所处的环境正在发生系统性巨变，企业要想成功应变，就要提升创新力。因为创新力是企业获得新动力的一种能力，相当于生命体产生基因突变的能力，有这种突变能力，才有适应环境变化的可能性。同时，正如基因突变，创新是无序的、中性的。比创新更重要的，是企业对创新的选择——道法自然，正如拥有哪种基因的物种能够生存下来，不是源于基因突变的“物竞”，而是源于自然环境的“天择”。

那企业对创新进行选择的标准是什么呢？选择标准同样基于环境的变化，我从不断变化的实践中，提炼了四大标准：流量红利、社交红利、创新红利和全脑红利，分别对应渠道、营销、产品和组织领域的创新。

所有的红利到最后都是趋势红利。趋势一旦发生变化，早点儿抓准红利的人，就会快速获得巨大的收益，一旦趋势被消费掉了，那这个红利就会消失。没有抓住趋势红利，是很多企业没有转型成功的重要原因。

“实践是检验真理的唯一标准”，提炼这四大趋势红利不仅源于理论，还源于对中国企业转型实践的观察、调研和思考，这是我致力于提供有效知识的另一种努力：努力提炼、升华中国本土的最新成功实践。

有人说，经历是最好的老师。这话没错，经历能给你最深刻的体验。但是你能从这位好老师身上学到的东西很少，因为人这一生所能经历的很有限。所以，更重要的是，你要从“别人的经历”里学习。别人的经历在哪里？在5000年的历史里，在思想家的智慧里，在实践家的感悟里。

近两年我积极地从“别人的经历”里学习，深度调研访谈了芬尼克兹、红领集团、名创优品、必要商城、找钢网、虫妈邻里团、凯叔讲故事、小米科技、华为集团、有赞商城、微播易等在移动互联网时代大放光彩的公司，有2C企业，也有2B企业；有线上，也有线下，全面涉及了组织、产品、渠道、营销等领域的变革。这些案例是启迪我们思考新时代经营管理“本质”的窗口，我一一撰写了深度分析的长篇文章。同时，我也作为海尔、百度、中远国际、晨兴资本、拍拍贷等机构的战略顾问，为众多企业的实践出谋划策。在给华润集团、招商银行、广药集团、云南白药等50多家企业高管做战略转型培训时，我也跟学员们学到了很多。研究这些“接地气”的“别人的经历”，是我提炼四大趋势红利的重要基础。

我非常认同前招商银行行长马蔚华的观点：“不知未来者，无以评当下；不知世界者，无以知中国；不知宏观者，无以理微观。” 我提炼4个大红利与12个未来小红利时，尽量实现未来趋势与当下策略的结合、世界潮流与中国实际的结合、宏观原理与微观操作的结合，以便更多地帮助转型企业。

以渠道为例，所谓寻找流量红利，就是寻找有超高性价比的流量。电商之所以能够迅速地影响或干掉线下，是因为电商让很多人能够买到原先不知道到哪里去买的东西，价格也便宜。此外，淘宝、天猫和京东也做宣传，因此吸引了大量的流量。而当时网络平台上的商家数量还不是很多，大量的流量分给了这些商家，且获客成本是比较低的。因此我们认为电商有一个巨大的流量红利期。

如果你现在新开一家网店，就会发现流量红利已经没有了，因为网店太多，通过用户搜索而自然分到的免费流量已经不足以支撑商家了，大趋势的红利基本上消失了。而大趋势红利的消失，跟线下的房东看到门店销售好就会涨租金的逻辑是一样的，淘宝有个搞竞价排名的淘宝直通车，其实就是用更高效的手段来抹掉网店的流量红利。现在还算火爆的电商其实已经“沦为”传统零售了。

做零售的逻辑是不断寻找新的流量红利在哪里，比如会员、口碑直销、自媒体、社群，直到再被抹平，永不停止……

再以营销为例，每个企业都想获得在朋友圈“一传十，十传百”的社交红利，这就要深刻理解分期付款的规律。这是指几乎没有人可以用一个关注点，一次性得到用户的全额付款。也就是说，一看到你的文章，就决定花2分钟来看。读者通常会选择“分期付款”，就是我先投资给你0.5秒，你给我一个吸引人的标题；如果有价值，我再花2秒钟看第一段；确实不错，我再花10秒钟浏览（小标题、加粗或标红的句子等）；如果真的很好，我再决定投入100秒从头到尾仔细看看。这就是“0.5秒—2秒—10秒—100秒”现象。这些数字代表的是大概的数字，但分期付款是基本规律，上面每一个阶段都是一场必须打好的战役。

企业要享受社交红利，尤其要注意短视频的快速崛起。自称“集才华与美貌于一身的”中戏女研究生“papi酱”靠着40多条搞笑短视频，不到半年吸粉近2000万（微博500多万粉丝，微信1400多万粉丝）。“papi酱”因何而红？她捕捉热点，她擅长吐槽，她热衷嘲讽与自黑，总之，她迎合人性；更重要的原因是，她避开了图文这片红海，用好了新近崛起的蓝海即“短视频”。

2015年，50%的流量消耗在移动视频上。估值10亿美元的“秒拍”预测，2020年将有80%的流量消耗在移动视频上，这个趋势值得企业营销界高度重视……

至于解决产品和组织问题的创新红利和全脑红利，就更是传统企业转型的治本之策，书中有详细论述。

有一次朋友开车送我去佛山，说：“你看，战略就像选车道，选错了道，就算你开宝马，也只能眼睁睁看着被吉利超过。”说得真好。我回答：“所以你要有全局观，升到半空，看清楚前面路况，再回到车里选对车道，这样就算被大车挡路，你也知道下面终会快起来，不必焦虑。”战略就是选车道，这比开什么车、谁来开更重要。

衷心希望在中国企业制定组织、产品、渠道、营销战略的过程中，我的这本《趋势红利》能起到类似导航仪的作用，成为帮助广大企业进化的“有效知识”。随着市场环境和企业实践的变化，“有效知识”本身也是持续进化的，因此也欢迎大家关注我的微信公众号“刘润”（runliu-pub），我会在这里持续和大家分享对企业转型的最新思考。

PREFACE BY LIUQIN

刘芹序

经济将会不景气，企业要找新红利

前段时间我去硅谷考察了一趟，跟斯坦福大学的学生也有交流。和大家分享了我的一些体会，现在的创业、创新不是受单一性变量的影响，它受到很多维度变量的影响。

首先，全世界处在一个比较动荡的阶段。全球经济的不平衡现在成为一个很大的问题，造成的影响就是地缘政治不稳定，供需矛盾突出，进而影响油价、大宗商品、金融市场。我感觉从外部的宏观性上来看，未来几年都是一个比较动荡的时期。

其次，我觉得移动互联网科技创新的第一波高潮已经过去了，新的科技创新还在慢慢孕育过程中，因此，接下来将处在科技创新周期的一个平台孕育期。未来一年或者数年，科技创新的高潮兴奋点可能不会像前两年那么明显，全球化的结构性增长的动力在丧失，要寻找新的结构化增长的动力。

全世界指望着中国能成为全球增长的内生动力，但是中国的经济处在全球化的体系中，因此也会受到上面两大因素的负面影响。中国需要对自身的增长动力进行调整，因此才会出现供给侧改革的提法。

总之，我认为未来几年的经济和创新创业需要在这样一个大背景下来看，宏观方面的不确定性跟科技创新的平台期刚好叠加在一起，所以不会呈现出过去两年看起来非常繁荣的状态。

但在基本面上，我觉得中国的经济增长还是有很多机会的，比如说消费升级的出现，以及中国推进城镇化带来的从沿海向内地、从一线城市向二三线城市的梯度发展，我觉得这些因素会带来很多新的商业机会。

那企业该如何抓住新商机呢?

中国现在的创业存在非常激烈的同质化竞争，今后如果企业想要找到新的竞争优势，就必须越来越注重寻找差异化竞争策略，而技术或其他创新壁垒就会变得越来越重要。这就是为什么大数据、人工智能等科技含量比较高的东西开始得到大家的认同和追捧，而残酷的同质化红海竞争模式在未来一段时间可能会进入一个相对不那么被追捧的阶段，靠技术壁垒建立差异化竞争力的公司未来可能会得到更多关注，我个人感觉这是整体的基调。

刘润在新书《趋势红利》中，将技术突破归结为产品创新红利的一部分。这本书的读者，也许是互联网人士，也许是零售业人士，也许从事制造业，因此会有部分读者认为自己转型的关键点不在于技术创新。的确，每个行业都有每个行业的机会和挑战，因此刘润才在本书中提出了四大趋势红利来满足不同读者的实际需求。

我认为企业转型最终是要回归到本质的：如果你的消费者发生变化，你就必须跟着他变。

这一轮商业变化回到根本，就是消费者的行为模式已经全面互联网化。以前的消费者都是看电视的，现在他们不看电视了，他们在手机上获取资讯、消磨时间。用户行为改变了，相对应的营销模式也得改变，你做任何生意，如果不懂社交，你就不知道怎么与用户沟通。

现在消费者变得越来越年轻，80后、90后有三四亿，未来00后也要进场，他们获得资讯的方式全都在网上。如果你做生意，就无法回避这个变化，所以就要学会理解：现在消费者是怎么获得内容的；现在消费者是怎么传播内容的；现在消费者之间是怎么相互影响的。做营销不就是要解决这些问题吗？传递信息给消费者，想办法让他们对你的信息产生兴趣，甚至让他们帮你把这个信息传播开来。今天做生意的人再不懂这个，那确实是自己出了问题啊。

在互联网时代的大背景下，市场营销是商业变革的第一个发力点，因为我们是以用户为导向，所以要从用户沟通模式开始变。如果你今天没有获得营销上的便利（本书称之为“社交红利”），就有问题。

企业要判断清楚，互联网跟自己的业务是颠覆还是共生的关系。要放到一个更长远的角度来看，你的核心价值能不能长期存在，只要能够长期存在，你就不能慌，你就有机会跟互联网形成共生性的关系，就可以在共生性的生态里找到自己的新位置，借助互联网的力量找到跟消费者打交道的新方法。

比如说，互联网没有改变用户对咖啡或咖啡背后的生活方式的喜爱，那企业就不用怕。星巴克在中国生意还不错，它不停地利用互联网来做营销的升级，并提供免费的Wi-Fi，它的生意甚至受益于互联网。

再比如罗振宇，他以前是玩文化内容的，现在还是玩文化内容，但他现在学会在互联网上生存了，跟微信平台形成了共生关系，和用户打得火热，在这一点上他是大家的榜样。

再以教育产业为例，教育归根结底还是要满足学生对优质教学内容的需求，以及师资的服务。不论是不是互联网教育公司，优质的内容和服务永远都是核心。但如果在把核心做好的同时，又能利用互联网让用户获得更好的便利性（本书将用户体验创新归结为创新红利的另一部分），那么企业就很可能大获成功。我觉得这个逻辑对任何行业的转型都是一样的。

最终，面对互联网化的巨大冲击，中国企业会从开始恐慌过渡到学会面对。在转型进程中，我认为企业要从消费者行为模式的变化开始着手研究，要从营销模式的变革开始入手，慢慢学习，逐步动态调整企业的生产、销售、产业链组织等业务流程……刘润在本书中对传统企业转型的实操方法做了比较系统的分析介绍，可供大家对照参考。

（刘芹，晨兴资本董事总经理。晨兴资本的成功投资案例包括小米、YY语音、UCWeb、迅雷、携程、搜狐等）

总论

企业进化三部曲

第1节 看清企业进化大方向

2013年以来，随着国产中低端智能手机的快速普及，移动互联网——马化腾称之为“真正的互联网”——对实体经济形成了明显的冲击，传统企业互联网化，成为上至党中央、下至创业者的重大话题，国务院推进“互联网+”和乌镇举办“世界互联网大会”引发举国关注。

但持续数年的讨论，仍没有就一个基本问题达成广泛共识：互联网到底对传统企业造成了什么样的影响?

有人说互联网对传统企业进行“降维打击”之后，竞争降至一维，唯剩产品；有人说互联网的主要影响是大大缩减了中间渠道，提高了传递价值的效率，降低了零售的价格；也有人说互联网带来的最大好处是可以借此获得爆炸式的传播，让企业有机会不花一分钱就能获得比央视广告还好的推广效果；还有人说互联网缩短了人与人之间的距离，公司的组织结构必须做出相应的调整，变得更加扁平化，让听得见炮声的人做决策……

上述各种说法都有一定的道理，都能举出相应的成功案例，但这同时说明，这些总结是不全面的——如果某个总结是全面的，它就应该能解释大部分的道理和案例背后的逻辑。但是，我们发现，在互联网带来的大变革时代，很多成功案例背后的原因大相径庭。因此我们需要站在更加全面的角度，结合商业史来看互联网，能不能试着总结出一张全景图，全面地看明白这个时代的变化，并据此找到适合自己的定位和转型方向，而不是盲人摸象般地摸索到个别的变化。

企业通过建立不偏不倚的自我认知，再看清互联网带来的全局变化，才能有针对性地进行转型升级。

看清传统企业：商业史上的三种典型公司

企业进化首先要对传统商业的全景图了然于胸，才能建立正确的自我认知。

整个商业行为流程，可以简单地切割为创造价值和传递价值两个阶段（具体请参考我的书《互联网+战略版》）。创造价值阶段是一个势能积累的过程，企业基于组织创新能力，把产品做出来，相当于把千钧之石推上万仞之山。这是一个非常艰苦的过程，目的是获得一个巨大的势能。传递价值阶段则是在万仞之山上将千钧之石一把推下去，在下降过程中，重力势能转化为动能。

彼得·德鲁克对企业目的做了清晰的界定："企业的唯一目的就是创造顾客。"如果你想把石头推得更远，尽可能多地创造顾客，有两个基本的方法：第一个方法是在创造价值阶段，把石头尽量推高，获得足够的势能；第二个方法是在传递价值阶段，让阻力尽量变小，让动能尽量变大。

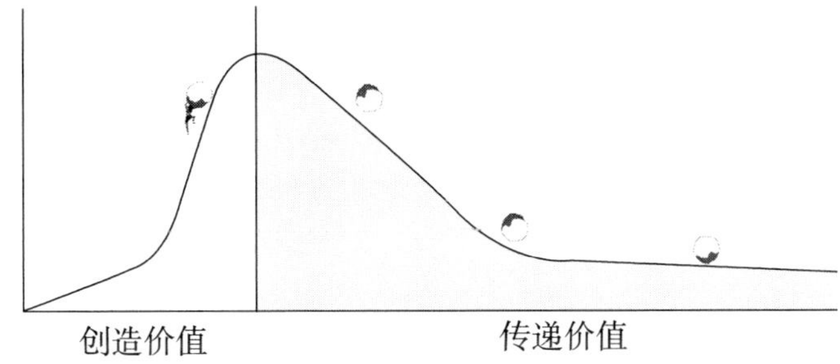

基于这个原理，我们发现，今天的公司大概分为三种，一种叫作产品型公司，致力于提高势能；还有两种叫作营销型公司和渠道型公司，在提升动能上发力。

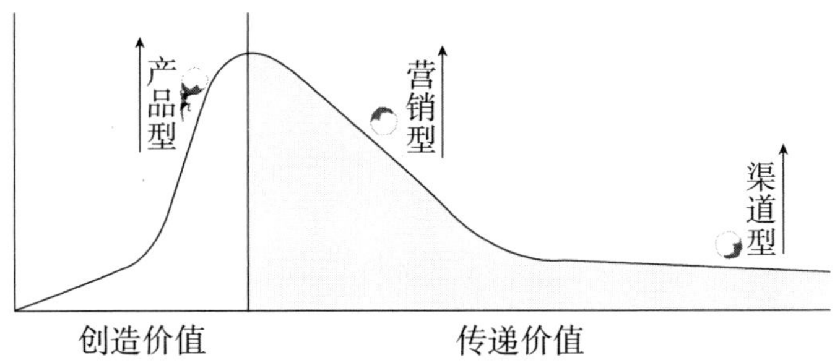

让我们对这三种公司多做一些介绍。

产品型公司

产品型公司把最核心的资源都花在产品上，他们坚信，努力将产品做到极致是最重要的，甚至是唯一重要的。只要功能和品质非常好，其他的一切都会顺其自然。

可是随后，有不少产品型公司会发现，因为公司的营销和渠道团队的能力非常差，虽然产品非常好（但更多只是自己认为非常好），一经推出，就遇到了营销、渠道的巨大阻力，势能迅速下降，最终创造的目标顾客可能非常少（如图中的阴影面积），浪费了一款非常好的产品。

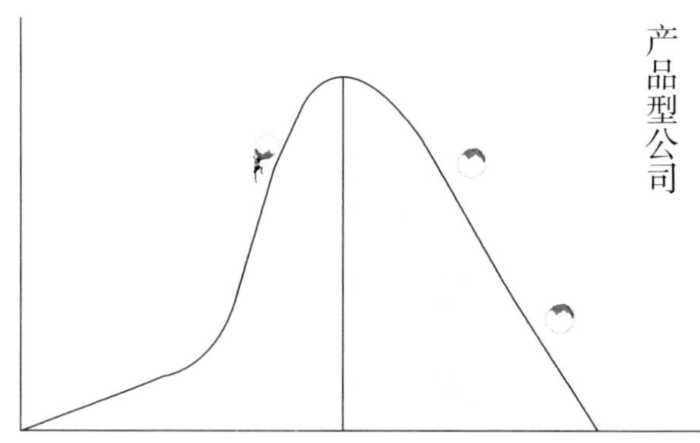

比如，2015年吴晓波的文章《去日本买只马桶盖》红遍朋友圈之后，人们才知道了那些为日本品牌代工做智能马桶盖的浙江企业，它们能做出世界一流的产品，但转型做自己的品牌面向国内消费者时，销量往往少得可怜。产品虽好，但是做好营销、渠道，何其之难。其实，很多互联网公司把产品做出来之后，发现自己的销售团队很糟糕，产品卖不出去的现象也比比皆是。所以不必一味地羡慕互联网公司，很多企业很快就倒闭了。

用产品把势能推得很高，但是因为营销、渠道的低效，产品势能转化为销售动能时的表现很差，是这类公司的通病。

渠道型公司

不少渠道型公司，你可能都没怎么听说过，但到处都有它们的产品在卖。比如，不少运动鞋企业动不动就开出成百上千家门店，很多饮料公司致力于建设深度分销体系，这都是在渠道环节不断打透打深。

渠道型公司有非常强的渠道、销售团队，但这不代表产品就足够好。其实真正拥有“好产品”的公司是比较少的。渠道型公司，通过渠道团队铺出去，通过渠道多铺货就多的方式，提高“产品可得率”，在产品势能可能并不高、营销环节消耗可能也不小的情况下，与消费者建立尽可能多的接触点，直接连接具体消费行为，影响消费决策。

这个模式虽然直接连接消费者，但是不太有效率，因为投入巨大，每一次销售的边际成本都很高。

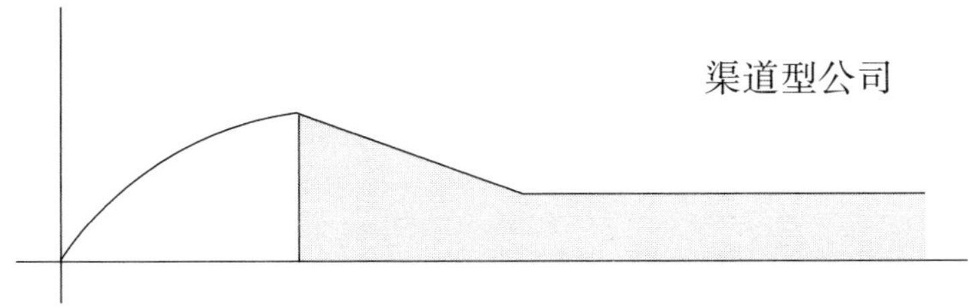

营销型公司

还有种公司，叫营销型公司。它的产品不见得特别好，但媒体广告做得真是好，获得了广泛的认知度。有很多理论，都是在营销环节上的研究，比如“定位”“超级符号”等。

如果说，渠道是为了获得“产品可得率”，那么营销是为了获得“或然购买率”。消费者心中有很多品类印象，各种营销手段很重要的目的，就是提高这个品类在消费者心中的地位，或者干脆新建一个品类，比如“怕上火，就喝加多宝”，提高消费者对商品的或然购买率。

减小营销环节的产品势能损耗，有时甚至营销就是产品的一个部分，提升产品势能，覆盖更多的潜在消费者，是营销型公司的要务。

但是，如果营销型公司的渠道铺货做得很差，我们动心之后要买却买不到，会严重妨碍创造顾客；或者产品其实非常一般，买了之后再也没有重复购买或者推荐给朋友的欲望，也会消耗品牌，最终出问题。

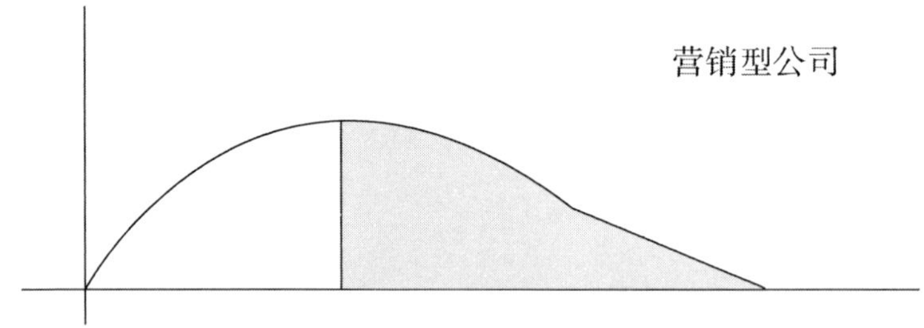

总之，产品型公司、渠道型公司和营销型公司在有显著优点的同时，也都有显著缺点，因此，产品、营销和渠道哪个环节最重要，我们不能一概而论。今天的市场上，我们认为，所有的“一维论”可能都忽略了很多

重要的前提假设。

我们只能说，不同企业在不同阶段，某个环节是它当下最缺乏的。尤其是在互联网时代，互联网能怎么帮你，首先要看你在哪件事上最需要帮助。

传统企业的进化之路上，互联网能做什么？

了解了商业史上三种特征很鲜明的公司，下面我们再来探讨，在互联网时代，它们如何进化成符合时代的卓越企业。

企业要想获得真正的大成，在产品、营销、渠道三要素的基础上，还必须引入另一个重要的元素，那就是组织。是优秀的组织形态支撑了优秀的产品、营销和渠道。

我们在此提出“企业成功能量图”，这张能量图中，我们总结了4个企业成功的能量源：组织、产品、营销和渠道。我们认为，互联网就像水和空气一样渗透进了每一个要素。在你最需要的环节，利用互联网加大企业成功能量，是企业转型的重要的思考问题方式。

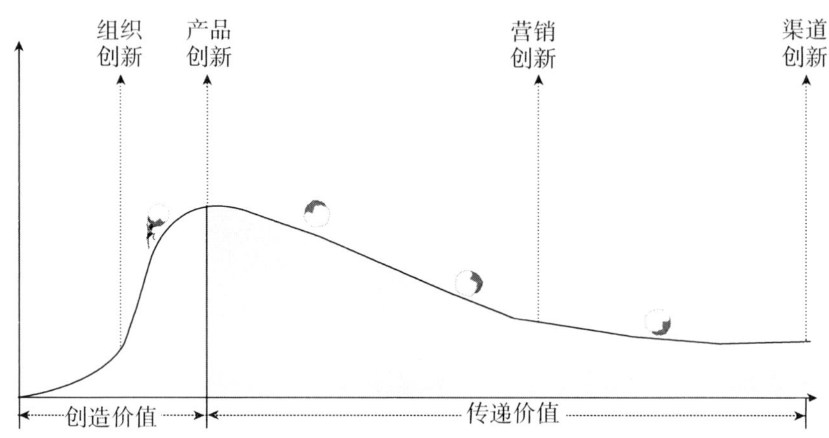

企业成功能量图

首先，在这张“企业成功能量图”中，创造价值和传递价值是一前一后两个基本阶段。创造价值是势能积累的过程，传递价值是动能释放的过程。

打个比方，如果仿照用后轮“推”着车辆前进的后驱动汽车，我们可以把产品型公司称为后驱动公司，它们用产品“推”着公司前进；再仿照用前轮“牵”着车辆前进的前驱动汽车，我们可以把营销型公司和渠道型公司称为前驱动公司，它们用营销或渠道“牵”着公司前进。

产品、营销和渠道都做得很好的公司，好比四驱动汽车，汽车前后轮都有动力，行驶性能最佳，最能适应复杂地形，对应到商场上，四驱动公司最能适应复杂市场，实现基业长青。

而组织就好比设计汽车的“心脏”——发动机，其重要性不言而喻。

刘强东认为，“所有的失败，最终都是人不行”。

互联网缩短了人与信息、人与人之间的距离，如何借助互联网之力构建一个充分“激活个体”的组织形式（发动机），是企业创新的核心问题之一。

组织创新的目的是把产品创新、营销创新和渠道创新的基本能量提升到相当高的基准之上——打个比方，平庸的公司竭尽全力在平地上把千钧之石向上推了4000米；优秀的组织一开始就站在了4000米的半山腰上，然后他们不用太费力就把千钧之石推到了6000米……

海尔力推公司平台化，韩都衣舍力推小组制，都是从“发动机”角度做文章，都使组织的创新力获得了显著提升，成为中国企业组织变革的典型案例。2015年“双11”，韩都衣舍天猫旗舰店流量超过1.3亿人次，勇夺互联网女装销售冠军。其闪亮业绩背后的功臣是280个产品小组，每个小组都像一个小公司，选款式、定价格、搞促销……这些重要决策都由小组自己来做。关键指标（业绩完成率、毛利率、库存周转率）越出色，奖金就越多，充分激发了每个小组成员的创造力——韩都衣舍每年开发3万款产品，超过Zara，位居全球第一。

分析完企业的“发动机”，再来看看“前后驱动”。大多经济型轿车采用前驱动方式，胜在经济实惠；大多高级轿车和赛车采用后驱动方式，原因是动力强劲，加速性能比前驱好。

一直以来，中国企业非常缺乏产品理念，研发、设计投入少，大多是渠道型或营销型公司（前驱动公司）。互联网丰富了销售渠道，带来了低成本的社会化营销手段，因此产品的地位大大提升——这是动力强劲的后驱动大放光彩的时代。

说起产品创新，不少人多年来患了美、日、德、法等“列强”恐惧症，心理阴影面积很大，深深觉得这不是中国人的强项。

亚洲开发银行发布的《2015年亚洲经济一体化报告》显示，中国在亚洲高端科技产品出口中所占份额从2000年的9.4%升至2014年的43.7%，位居亚洲第一，而韩国和日本加起来仅占17.1%。中国人能搞定高铁、核电和卫星、超级计算机等高科技，自然不会缺乏创造力。要搞产品创新，中国企业首先得自信，挺起脊梁骨向前进。

营销创新是为了获得品牌、产品的认知，企业要尽力把营销的摩擦力减小，让动能曲线尽量平缓，甚至出现波段上升。杜蕾斯在微博上形成了爆炸式传播，罗辑思维在微信上形成了爆炸式传播，它们把口碑传播这件事在互联网上发挥到了极致。

营销像空军，渠道像陆军。过去产品销售的状况跟企业的销售人员和门店数量是线性相关的，渠道成本很高；后来电商渠道的布局成为关键，但随着成本的上升，今天电商也已经成为传统渠道，开拓低成本渠道的问题再次摆在所有企业的面前。

降低成本的背后，渠道创新很重要的目的是提高效率，企业可以充分运用互联网的手段缩减传递价值的环节，或是借助互联网社交工具建立用户社群，反向定制产品。总之，缩短企业与用户的距离，减少交易与物流的次数，是提高渠道效率的大方向。

产品、营销和渠道。产品定义了销售量级，把路人变为目标客户；营销定义了销售上限，把目标客户变为潜在客户；渠道定义了销售下限，把潜在客户变为实际客户。产品、营销、渠道，从目标客户，到潜在客户，再到实际客户，是把产品势能转化为销售动能的过程。飞流直下三千尺，是最好的企业能量模型。

有足够强的组织、足够好的产品、足够小的营销和渠道阻力，能够充分实现创造顾客的企业目标，这样的公司可称之为全能创新型公司。比如苹果公司，它的产品做到了极致，营销做得非常好，线上线下渠道也铺开了，这些能力反映出乔布斯时代的苹果公司组织动力十分强劲。

那么，传统企业该如何运用全能创新思维？有人说我的产品做得很好，不用费多少力气就能卖出去不少，为此沾沾自喜。但如果把渠道和营销做得更好，好产品可以卖出去更多。所谓全能创新思维，是要看看在自己的整个系统里，今天缺的是哪一环，然后有针对性地借助“互联网+”之威力，实现从优秀到卓越的进化。

找到互联网在组织、产品、营销、渠道这四大要素中带来的红利，创新、创新、创新，弥补自己的短板，发挥自己的最强项，是企业进化的大方向。

第2节　比创新更重要的，是对创新的选择

企业运用全能创新思维确定自身进化方向之后，接下来要解决一个问题，即怎样在自身的短板上提升创新能力。有了创新能力之后，又要解决另一个问题，即企业如何在众多的创新中做出正确的选择，选择那些真正对企业进化“有用的创新”。

解决这两个问题，首先需要理解创新力和选择力的差别。

关于创新，有个人做了一次很有新意的实验。他问一些企业的负责人，你们有多少人认为创新对企业的发展是至关重要的？如果是1到10分，你会打几分？绝大部分人打了非常高的分，9分或10分。他再问第二个问题，你们认为自己的企业在创新上做得怎么样？请给自己打分。大部分人给自己的企业打的分就非常低了，普遍不到5分。

这是非常有趣的现象，绝大部分企业认为创新是非常重要的，可绝大部分企业都自认为做得不好。怎么才能做得好呢？其实创新并不是靠一两个核心人物的脑洞大开，最重要的是形成组织创新的机制。我们认为企业应当效仿大自然的“物竞—天择”机制，建立“创新—选择”机制。

“物竞天择，适者生存”这句话大家都很熟悉。生物进化有两个逻辑：一个逻辑叫“物竞”，另一个逻辑叫“天择”。

“物竞”的核心机制是物种的基因突变。基因十分稳定，能在细胞分裂时精确地复制自己，但每种生物在繁殖下一代时，都会有少量基因的碎片会断裂、搭错，就产生了突变。

比如，人体基因一共有30亿对碱基对，每1500万到3000万个碱基对在遗传时会发生一个突变，因此人类基因每传一代就会累积100个到200个新的突变。基因突变带来了人类体质特征的多样性：欧洲人的浅色皮肤源自1万年前一位祖先的基因突变；世界上个子最高的人是居住在尼罗河上游的尼罗特人，成年男子平均身高达1.8米；世界上最矮的俾格米人8岁时就发育成熟可以结婚。

不过，了解了基因的机理就会知道，这种基因的突变，是随机的、无序的。企业的创新好比物种的突变，也是无序的、中性的。

只有中性地理解创新（突变），我们才能看到另外一件事情的重要，这就是“天择”。拥有哪种基因的物种能够生存下来，不是源于基因突变的“物竞”，而是源于自然环境的“天择”。选择扮演了使无序的创新（突变）变得有序的角色。

在自然界，“天择”的基本逻辑就是“适者生存”。“天择”分为两种：一种叫自然选择，另一种叫人工选择。

自然选择是最根本的选择法则。比如最初每只长颈鹿都能吃到树叶，后来较矮的树叶被各种动物吃完了，那些脖子比较长的长颈鹿就因能吃到高处的树叶而活了下来，它们的子孙后代中也是脖子越长的越容易存活，很多年后，长颈鹿的脖子就都特别长了。又比如60万年前的冰河时期，一只棕熊生下了白色的幼崽，白熊更加适合在冰雪环境里捕食而不被发现，它的子孙后代就越来越多，发展成独立的物种——北极熊。

自然选择分别成就了恐龙统治的时代和人类统治的时代，恐龙以体力见长，人类以智力取胜。人类随着生产力的不断发展，开始越来越多地干预自然选择，我们称之为“人工选择”。

比如说人类将一种不太怕人的狼慢慢驯化成今天的狗，人类会更多地喂养那些能打猎或卖萌的狗，那些不懂得讨好人又没用的狗就被遗弃或杀死了。所以如果不是因为人工选择，就不会存在今天这样多种类的狗。

还有农作物如果不是通过人工的选择，不会像今天这么高产。一开始所有的农作物都是产量并不高的物种，人类通过不断的选择去掉了那些不高产的、不好种的、容易传染病虫害的品种，留下了那些好种的、繁殖更快的品种。比如近三四百年，红薯、土豆、玉米和杂交水稻占据了中国广袤的地表面，一些低产的农作物就慢慢地消失了。

人工选择是人类为了自己更好地生活而对自然选择的一次主动参与。人工选择在自然进化中的巨大成功，让我们了解到，与其勤奋突变，不如理解选择逻辑。

生物的进化就是被自然选择或人工选择的一些突变。对应到企业，“天择”也有两部分：一部分是外部的选择（自然选择），也就是市场选择；另一部分是内部的选择，组织内的创新往往以讨好企业为手段而生存下来，所以企业设立适合外部生存和发展的人工选择机制就非常重要。

总之，在这一波商业创新浪潮中，企业要效仿“物竞”和“天择”的逻辑，建立一套基于“创新—选择”的逻辑运营体系，提高产生“有用的创新”的机会，获得更大的转型成功概率。

首先是要具备创新力。创新力是企业获得新动力的一种能力，也就是产生突变的能力，有这种突变能力，才有适应环境变化的可能性。我们将在组织变革部分介绍提升创新（突变）能力的三大组织设计方法：延续性创新、平台型创新、颠覆式创新。

其次是要具备选择力。由于创新是无序的，方向可能是不正确的，因此企业不能把所有的创新都交由市场进行选择，这样成本实在太高。这时，企业就需要建设另外一种能力——选择力，让符合时代需求的创新能够得到发展，让不符合时代需求的创新能够快速地被证明无效。总之，提高“选择力”有利于企业创造更多的价值，得到更多的客户认可，在生存竞争中更能够胜出。

第3节　选择的标准是四大趋势红利

那么，如何选择呢？到底什么样的创新才是“有效的创新”呢？如果我们能用一句话来回答这个复杂的问题，我会说：企业应当在众多创新中选择符合趋势的创新。

时代的变化，会带来很多基础要素的变化，这才导致很多我们熟知的商业逻辑不再有效。这不是因为这些逻辑错了，而仅仅是因为让这些逻辑有效的基础要素变化了。时代在变化，将来，如早上五六点钟，晨曦刚刚照亮天际，你知道，太阳就要升起了。这就是趋势。抓住这个趋势，根据这个有序的趋势，来选择那些无序的创新，是选择力中最重要的标准。

在平稳时期获得成功，你可能真的主要是靠实力。可是在时代变革期获得成功，可能最重要的是要靠对趋势的把握，看你有没有抓住趋势带来的红利。

一切红利，最终都是趋势红利。

基于企业能量模型，我们在四个要素环节，总结了四大趋势红利：流量红利（渠道）、社交红利（营销）、创新红利（产品）、全脑红利（组织）。我们认为，“选择”那些抓住这四个红利的“创新”，是在这次大变革时代获得跨越式成功的关键。

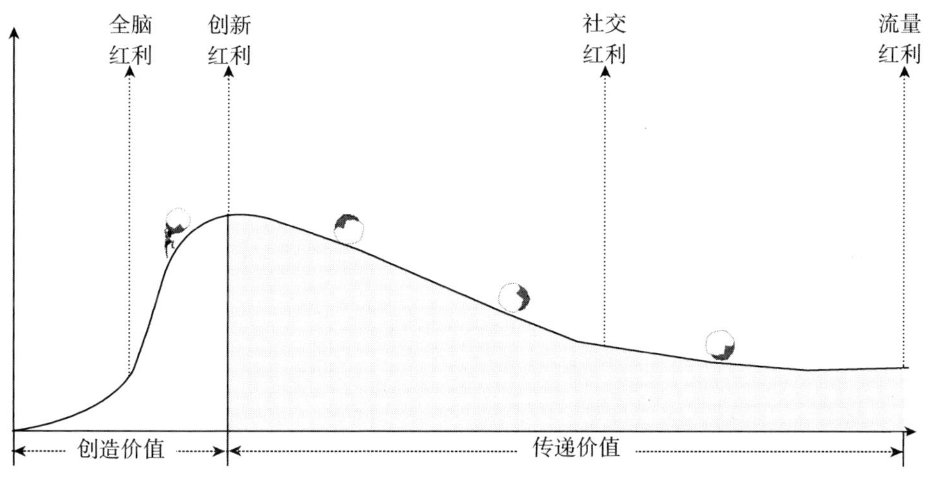

第一个红利，就是流量红利。

电商之所以对传统线下零售产生重大打击，不是因为它更“先进”，而是因为流量迁移，导致电商处于红利期。所谓的红利，就是超优性价比。早期的电商，流量大、商家少，所以红利明显。

趋势悄然袭来，那些早期入驻电商平台的，都获得不少收益。可是等到大家都意识到电商的重要性时，红利期必然逐渐消失。电商获客成本与线下趋同的那一天，也就是被我们称为“传统”电商的那一天。

不迷信任何平台，而是不断寻找新的流量红利，是“创新—选择”逻辑的必然要求。

我们发现，新的流量红利可能出现在内容创业者，比如迅速成长的微信公号上。但是最大的流量红利，来自于会员管理，来自于重复购买。忠诚的会员，是终身免费的流量。

第二个红利，就是社交红利。

产品好到什么程度叫作好？在这个时代，有一个重要标准，就是好到“用户忍不住在朋友圈夸你”。这个标准之所以这么重要，是因为超过这条标准线的产品，可以享受移动互联网时代最大的红利之一：社交红利。

社交红利，就是移动互联网时代的口碑效应，是一颗免费的“原子弹”。

第三个红利，就是创新红利。

为什么很多传统巨头在互联网的世界折戟沉沙？很多传统产业都是“分散市场”，比如地产、金融、快消品等。资源不同，打法不同，斩获不同，但多少能分到一定份额。但互联网平台“赢家通吃”，用资金换速度，用速度换规模，用规模换排位，用排位换资金的玩法，让很多人无所适从。

2015年在湖北互联网金融论坛，大家聊到“C轮死”。我说，做产品（创造价值）就像赌大小，一半概率赌中，赌中也只赚一倍；做平台（传递价值）就像直接押三个六，赌中赚大钱，但99%会输。

俞敏洪说的还是很靠谱的。互联网如果给中国带来什么不好的影响的话，就是让全中国的年轻人都想做平台，都想赚撮合的钱，而越来越少的人愿意扎实做好产品，甚至有很多从不修炼内功的人，期望靠一本捡来的剑谱称雄武林。互联网是巨大的投资机会，但不是投机。

要享受产品创新红利，首先要端正创业心态。

麦肯锡把各行业的创新分为四大原型：科学研究型创新、工程技术型创新、客户中心型创新和效率驱动型创新。我将结合这个模型与中国实际，谈谈自己对产品创新的观点与建议。

在变革时代，要有基础技术创新的情怀，更要有流程效率创新的实在，最关键的是不偏不倚的自我认知，找到这个行业在这个时代的创新立足点。

当电视机开始研究亮度、色温的时候，说明工程技术创新已经到头了，进入体验创新时代；当诺基亚开始以换壳为本的时候，说明这个时代在呼唤下一个工程技术创新；当小米以“价格屠夫”的身份进入每一个行业的时候，说明流程效率创新的机遇来了；当所有移动设备都在呼唤石墨烯的时候，说明基础技术创新即将重建整个商业格局。

找到自己合适的产品创新立足点，不盲从，不自封，不偏不倚。

第四个红利，就是全脑红利。

企业是工业时代建立起来的一种组织，封闭性和金字塔结构是其典型特征，企业的决策由几个高层人物做出，中间管理层上传下达，基层员工拼命干活，也就是说，整个企业只有几个人充分发挥了脑力，其他人更像是螺丝钉，这种组织模式无法灵活应对快速变迁的市场形势和用户需求。

建立一个能够充分调动企业全员的脑力，甚至能充分调动企业外部的脑力组织机制，从而享受“全脑红利”，这是每个企业的挑战和机遇。

所谓的时代变迁就是旧红利（红利，即在某个窗口期获得价值高于付出成本的机会）在消退，同时又有一批新的红利出来了。流量红利、社交红利、创新红利、全脑红利，就是物竞天择中的“天择”了，时代给了我们这四大红利窗口，那么我们就应该从这四个角度去匹配这个时代。因此，是否获得四大红利就是企业对创新进行选择的根本标准。越早抓住新的红利窗口，获得更多的红利，企业成为时代赢家的机会就越大。

无序的创新，依靠有序的选择。选择的标准，是时代的趋势红利。

本书的下面几章，我们将就这四大趋势红利层层展开，帮助大家找到在新时代获得成功的方法。

思考题：

1. 你所在的公司属于哪种类型，产品型、营销型还是渠道型？
2. 在“企业成功能量图”中，贵公司最需要“补短板”的是哪方面？
3. 请结合本公司、本行业的案例，对同事讲述“创新—选择”逻辑。
4. 对贵公司来说，当下最需要抓住的趋势红利是哪一种？

第一章

渠道：流量红利

在过去，中国有一批企业喜欢起山寨名，比如有康师傅，就有康帅傅。山寨品的目的，就是“蹭红”，截流本不属于自己的“流量”，是种“套利思维”。小聪明只可在一段时间内获得利益，从大趋势中看到长期的流量红利方为大智慧。

俗话说“火车一响，黄金万两”，火车站的生意历来好做，火车带来流量，流量就是黄金。古往今来，流量是道坎，有流量才有生意。

企业要不断寻找新的流量红利，在本章我们来梳理一下过去和未来的流量红利到底在哪里。

第1节　传统渠道和电商渠道的流量红利

不管是传统线下商业的“店商”万达、苏宁，还是PC时代的“电商”淘宝、京东，其逻辑是一样的。没有人流的店商，和没有流量的电商一样，都是无源之水。线下商业靠的是地段，地段承载的是人流。到了PC互联网时代，淘宝卖的还是流量，可以称之为“网络商业地产”。

流量，就是从线下店商里抽取出来的人流。

先看传统渠道的流量红利。如果你开的店铺很红火，来买的人很多，过段时间房东就会眼红了，一旦租约到期，房东就会给你的租金加价。有人曾分享给我一个数据，实体店平均9个月就会关门，一部分是因为过不下去，因为把店开好了之后，房东就会涨房租把一部分红利套走，他认为店开好了是我这个地方好。

所以在线下开店，要不断开店不断关店，这是线下一个比较重要的战术上的逻辑，就是要始终寻找流量红利。比如说在线下开店的时候，就算在同一个街区，在街口的店和街尾的店的营业状况可能差别很大，街口的店比街尾的店租金可能贵了30%，但是进来的人流量要比街尾大两倍，这就存在明显的流量红利。

所以门店寻址，就是线下时代寻找流量红利的一个手段。但是最终只要给市场足够长的时间，大的红利都会被抹平。当然，由于信息不对称，有一些小的红利依然会存在，但大的线下流量红利基本上会慢慢结束。

后来出现了电商，电商之所以能够迅速地影响或干掉线下，是因为电商让很多人能够买到原先不知道到哪里去买的东西，价格也便宜。此外，淘宝、天猫和京东也做宣传，因此吸引了大量的流量。而当时网络平台上的商家数量还不是很多，大量的流量分给了这些商家，当然有的相对好，有的相对差，但分到的流量普遍比线下要大，且获客成本是比较低的。因此，我们认为，电商有一个巨大的流量红利期。

可是过了一段时间之后，有一部分流量红利消失了，因为大家都认识到做电商有利可图，都到网上卖东西了。如果你现在新开一家网店，会发现流量红利已经没有了，因为通过用户搜索而自然分到的免费流量已经不足以支撑商家了，大趋势的红利基本上消失了。

而大趋势红利的消失，跟线下的房东看到门店销售好就会涨租金的逻辑是一样的。淘宝有个搞竞价排名的淘宝直通车，其实就是用更高效的手段来抹掉网店的流量红利。比如说，你一旦有了流量红利，买关键字的价格明显低于产品利润，就会有人用更高的价格来竞争关键字，这笔钱就被阿里给拿走了。

所以，有赞商城的创始人白鸦说，淘宝已经没有自然流量了，一千万商家眼巴巴地在那看着，以各种方式在反复地把排名往前靠，哪来的自然流量。2016年年初，三只松鼠的公关经理殷翔对媒体说：“3年前，我们发展一个线上用户的成本是25元，现在，需要100元。”花越来越多的钱去购买，淘宝的流量红利基本消失了。

阿里用非常高效的技术手段，抹掉一切流量红利，当然我们还可以继续找到小的流量红利，但是大趋势的流量红利一定会被迅速抹平，跟传统渠道比较接近。

所以说今天到淘宝、天猫上开店的意义及效益已经远不如以前了，能赚到钱的商家比例在迅速降低。早期开的店之所以今天还不错，是因为它们把早期获得的流量红利已经沉淀到大家对这个品牌本身的认可中了。所以说在早期做电商，并且把流量红利沉淀到品牌本身，就是这些人获得的最大收益，比如说韩都衣舍、茵曼等淘品牌迅速地成长起来。但总体来说，今天电商的流量红利已经基本消失了。

第2节　移动打靶：零售的逻辑是不断寻找新流量红利

流量红利像一个隔段时间就更新位置的移动靶，做零售好比移动打靶，其逻辑是不断地寻找新的流量红利在哪里。

寻找流量红利有两个大的方法：一个方法是宏观的流量红利，即寻找有红利的新渠道；另一个方法是相对别的企业来说，你在战术上做得更加优秀，能获取小的流量红利。关于“小的流量红利”，来看一个例子。拍证件照这件事情，是极其暴利的标准化产品，智能手机+白墙+标准格式，就能完全满足要求，印刷成本也几乎接近零。如果抹平这中间的暴利，那么，拍证件照可以成为快递公司（或者其他公司）的引流业务。用近乎免费的价格，帮助消费者冲洗自己的证件照，然后只收快递费，送到消费者手中。证件照，给快递公司带来了“新流量红利”。

总之，对渠道来说，永远都在宏观和微观角度寻找流量红利。

流量红利一旦被抹平，就沦为传统零售，比如电商已经成为传统电商。今天的商家在淘宝上做生意，最大的痛点是流量成本太高。2015年2月，《经济参考报》记者在阿里巴巴举办的培训班上获悉，目前淘宝集市店有600多万个卖家，真正赚钱的不足30万个，仅占5%；天猫商城店有6万多个卖家，不亏本的，不足10%。

曾在支付宝担任产品设计师的白鸦说，淘宝的1000万商家真正不赔钱的只有5%，赚钱的只有2%。他和我说过一个案例：淘宝上的一家皇冠级女装店，30%成本是商品成本，30%成本是营销成本，人员办公等成本是12%，看上去毛利率有20%多。但是，如果在营销方面除了做广告还要刷单的话，成本会增加10%，整体营销成本就超过了40%。因此综合下来，产品的毛利率只有5%—10%，再扣除物流等费用，净利基本为亏损。

亏损的一个很大的原因是，商家做了很多年却一个客户都没有积淀下来。我们要在淘宝上买双鞋，会直接去搜鞋，买了之后根本就不记得是在哪家买的，只记得是在淘宝上买的，这就导致他每次卖货都要买流量。

未来的每一个商家都需要经营自己的客群。

寻找新红利是零售的核心，比如会员、直销、自媒体、社群，直到再被抹平，永不停止。

自媒体方面，“新流量红利”可能来自于那些迅速成长的微信公众号，比如说咪蒙、段爷、六神磊磊。这些公众号迅速获得很大的关注，价值变得很大，但是在上面投促销广告的价格，可能远低于传统线下媒体，甚至远低于传统互联网媒体。所以，迅速成长的自媒体，可以给与其合作的电商企业带来巨大的“新流量红利”。

关于如何“变现”自媒体流量红利，我们来看两个例子。

在自媒体中，有一个比较简单有效的“流量变现”方法，那就是抽奖。比如说音乐交通台有30万粉丝，如果在群发的内容上放一条mini cooper的广告，粉丝一看是广告，可能一眼都不看。所以，广告这种变现手段的效果现在很差，尤其在移动互联网时代，消费者的脑中都已经“预装”了广告过滤系统。这时，音乐交通台可以告诉mini cooper说，你能不能给我弄两辆车，每辆车有半年的试驾权，按两年算，这样可以抽4个奖，然后再搞点钥匙链之类的小奖，这样针对30万人搞活动，填个资料就能参加抽奖。这样mini cooper宣传了自己，效果也很好，音乐交通台不但收了广告费，还给粉丝发了不错的福利。

另一个例子是2016年春节前顾爷的“猜题拿口令抢红包”活动。我猜，顾爷收了支付宝的广告费（也许真没有啊，但是太像是收了）。顾爷不能把他的巨大流量用于直接协调广告，说：支付宝就是好，就是好，就是好啊。这样会引起粉丝的强烈反感，是“消耗型”的变现方式。顾爷在微信公众号里搞了一个“猜题拿口令抢红包”，猜对问题答案，给支付宝现金红包的口令。这个活动，在用户中迅速引起了强烈反响。支付宝宣传了自己，顾爷获得了收益，他的粉丝们也获得了实惠。这是“增益型”的变现方式。

面对有非常明显特征的读者的自媒体，“消耗型”的变现方式，正在被“增益型”的变现方式取代。这也是为什么越来越多的自媒体选择自做电商，而不是做广告。吴晓波频道卖“吴酒”和“传统企业千人转型大课”，罗辑思维卖会员和定制图书，凯叔讲故事卖“凯叔西游记·随手听”故事机，都是比较成功的自营电商案例。

所谓“内容创业井喷”，是流量碎片化时代的开端。总体来说，流量一定会从BAT绝对垄断，走向以社群为单位的碎片化时代。内容，是建构这个社群的重要武器。大量创业者，不再以成王成寇、大输大赢为目标，而是成为一技傍身的手艺人。这也是企业的“新流量红利”。

而对于这些“内容创业”的自媒体者来说，早期的博客平台、微博平台和微信平台都蕴藏着巨大的流量红利。2014年前后进入的微信公众号，比如罗辑思维和凯叔讲故事，创业也就在一两年内，都利用微信的用户爆发式增长，用户花在微信上的时间到了恐怖的量级，但是微信公众号的数量还没有爆发，而这中间存在的巨大的流量红利迅速成长起来。随着微信公众号越来越多，用户增速却在放缓，用户关注公众号的时间并没有显著增加，微信平台上每个公众号被关注的时间就会迅速减少，微信公众号的流量红利迅速消失。但是早期做起来的微信公众号已经把流量红利兑现到品牌价值上了。

零售的逻辑，就是不断寻找新的流量红利。我们发现，在传统电商的流量红利逐渐消失的今天，有三大流量红利正扑面而来。

第3节　三大流量红利

社群经济：一次流量，来自“泛中心化”的社群

那么，如何获得这个时代的流量红利呢？

2014年电商一共是2.8万亿元的市场，其中阿里是2万亿元，京东是3000亿元。今天的电商以淘宝、京东和唯品会为主。但我们认为，大趋势也许是，中心化的流量会越来越少，越来越分散，形成很多中小“泛中心”，但加在一起，会变成主流。关于这一点，白鸦认为，在三五年以后，电商可能会趋向于三大巨头只有50%，会变得长尾化，未来的每一个好的商家，都会有属于自己的客群和流量来源。

为什么会这样？

阿里是中心化的逻辑，所有流量本质上都是阿里的，每一个客户本质上也是阿里的，商家只是商品的提供者，并不真正拥有客户，所以永远需要花钱购买流量。前面介绍过，这导致了淘宝大量的商家是亏损的。当然，这不能怪淘宝，这是这种商业业态的必然结果，淘宝、天猫，也有不少企业做得不错。

而微信建立的新生态，是“泛中心化”的，泛中心化是有很多很多个小中心，比如罗辑思维、严肃八卦就是小中心。在微信里面获得流量的方式是通过社交，腾讯这样说，我给你们一人一个筐，给你工具，微信的6.5亿用户就是一个大桃园，你自己去桃园里打桃子去，你打下来的，都是自己的。

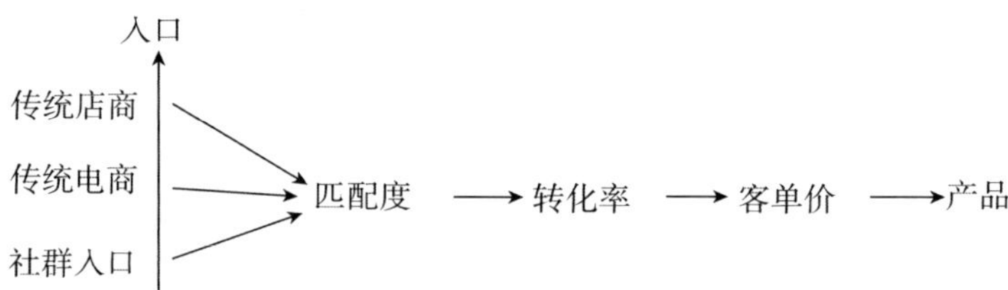

这种以某个目的（比如兴趣、背景、目标等）而聚集在一起的人群，我们称之为“社群”。互联网大大降低了人与人连接的成本，因此“社群经济”正在成为新的流量红利。

社群有多种组织的形态，大到一个垂直社交软件，比如陌陌（陌生人交友）、雪球（理财炒股）；或者中等到一个有个性的微信公众号，比如凯叔讲故事（2—8岁的孩子和他们的父母）、吴晓波频道（财经读者）；

再或者只是一个微信里的群、豆瓣上的一个组、百度上的一个贴吧，比如虫妈邻里团（团购生鲜水果）、无数学习群（对某个领域关注学习者）。这些社群的集结，越来越成为企业获得新客户的重要渠道，也就是新的流量红利。

所有拥有用户关注度的，都可以把关注者经营成社群；所有拥有社群的经营者，都是流量的稳定入口。这种经营的主要场所，是垂直社交软件、公众号、微信群等。

我们以微信群为例，说明具体的做法。

案例：虫妈邻里团在社群中找到的流量红利

生鲜电商虫妈邻里团由我在微软的多年老同事华宏伟，以及他的合伙人夏宁及其夫人“虫妈”创建。我们来看看他们创造流量的“社群+社区”模式。大平台做生鲜的电商是一上来就要席卷天下的，声势逼人；虫妈邻里团则是在偌大的中国找了个小角落，苦心经营根据地。

半路出家做生鲜农产品，他们遇到的第一个难题是没有用户流量（产品销路）。经过种种探索，他们决定用“社区+社群”（依托社区建立社群）的方法解决流量问题。

社区意味着用户处在共同的地点，社群意味着用户有共同的兴趣。基于共同地点上的共同兴趣，就是“社区+社群”模式。

华宏伟、夏宁决定从自己居住的社区开始拓展销路，因为邻里间的信任度比陌生人要高一些。

但是居住在一个现代化的大社区中，往往认识不了多少邻居，那怎么办呢？他们就策划了一个吸引眼球的活动。当时夏宁刚买了一辆特斯拉，在2014年七八月的时候，特斯拉还是一个稀罕的东西，再加上“虫妈”长得特别漂亮，“美女+香车”卖水果起到了很好的宣传效果。

他们聚拢客户的方法很简单，凡是来到摊位买水果的顾客就扫码加入微信群。顾客听他们自我介绍是邻居，看起来也不像是骗子，毕竟夏宁开着最高配的接近百万的特斯拉，也就加入了虫妈邻里团微信群。摆摊卖水果，每天吸引二三十个顾客进群，他们用这种现在看起来很原始、低效率的方法，完成了社群种子用户的积累。

加入群之后，虫妈邻里团和这些邻居就有了长期的连接，这些群，就成了稳定的流量入口。那么，他们力推的这种“社区+社群”流量入口模式有什么优势呢？

社群来自于共同的兴趣，虫妈邻里团的成员大多是全职妈妈，她们都比较担心食品安全，都想吃到美味安全的水果。在社群里，顾客先下单，平台再去采购，这就解决了库存问题。

社区指的是共同位置，带来的好处是消费的集中，能大幅度降低物流配送的成本，就像7-Eleven采取密集开店策略，而不是在全市平均布点。虫妈邻里团还在每个小区设了自提点，这样就不用送到每个顾客家里，能够进一步节约成本。

这样，社群解决了库存的问题，社区解决了物流的问题。库存和物流一直以来是生鲜电商的两个大难题，它们都会带来严重的损耗，很多企业亏损就是因为这两个问题解决不好。

中国4000多家生鲜电商中，只有1%实现了赢利，虫妈邻里团虽然还不大，现在几十个群，覆盖了1.6万户人家，但是属于那赢利的1%，因为它的损耗很小。减少损耗的关键是抢时间：下了单再采购，库存时间最少；只送到固定的提货点，物流成本最少。

虫妈邻里团用这种“社区+社群”的模式，一点一滴地积累用户，获得流量。而这个基于“社区+社群”的流量，积累很辛苦，但是黏性很高。这些流量，最终会转化为信任，会很难被其他冷冰冰的大电商夺走。他们不仅打开了销路，而且探索出了一种非常高效的电商模式。

先有用户，产生互动，获取稳定的流量，再有产品，提供更多的产品，是社群经济背后的逻辑。

口碑经济：二次流量，用户和员工对你的产品背书

在《互联网+：小米案例版》的西安读书会上，有书友问我怎么看直销。我说：严格合法的直销，是一种优秀的商业模式。就该用广告预算鼓励喜欢你产品的客户，向他的朋友们做负责任的推荐。口口相传，是最好的广告。而互联网，是口口相传的放大器和加速器。现在直销业存在很多不规范的问题，但我非常期待口碑在互联网上最终进化出一种合法、高效的“口碑经济”。

什么叫“口碑经济”？

首先，让我们先区分一下“直销”和“传销”这两个概念。我认为，正规的直销与非法的传销最大的区别在于：这个销售体系的设计，到底是以真实卖货获利为目的，还是以发展下线获利为目的。如果是以发展下线获利为目的，那么必然要求直销员交可观的加盟费，然后为了业绩，自己不断买入商品，疯狂发展下线获取多级销售分成，最终可能实际上根本没有多少销售体系外的真实用户购买产品，所有的销售都是在体系内完成的。这其实就是彻头彻尾的“庞氏骗局”，也就是我们说的传销。

我是康宝莱（一家在美国上市的营养品直销公司）中国区的战略顾问。2014年5月我给康宝莱做了一次演讲，跟大家说在今天的商业模式中，互联网尤其是移动互联网一个核心的逻辑就是社交。如果产品好，社交会带来非常显著的传播效应。在过去的线下时代，有两种商业模式其实也是跟社交紧密相关的。一种商业模式是直销，另一种商业模式是保险，其实保险今天的销售方法也是某种意义上的直销。

我们把真正基于产品好而产生的口碑，激发了消费者主动为产品背书（担保）、传播，在移动互联网时代产生了爆发式销售可能的“类似于”传统直销的商业模式，起名叫“口碑经济”。

“口碑经济”，尤其是以销售本身已经很有口碑、很有品牌、很有服务能力和售后能力有保障的商品为目的的“口碑经济”，我们认为有可能会成为这个时代新的流量入口。这种模式可以大量获取二次流量，而且成本可能很低。

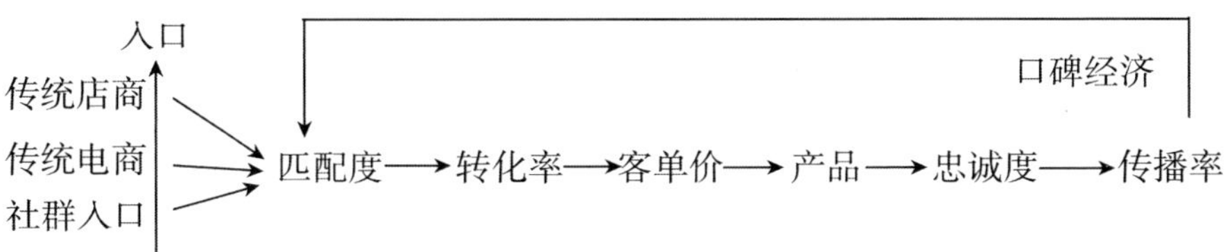

“口碑经济”其实就是把广告费和渠道费的一部分，让渡给那个因为喜欢这个商品、信任这个商品而愿意拿自己的信用来“背书”（担保）的人。而这种方式将会产生很好的效果，因为朋友之间的口碑变得越来越重要，成为解决产品信任问题的关键。我在培训中放过一段视频，里面讲到，现在只有14%的人还会相信广告，而90%的人都相信朋友之间的推荐。这个数据就是在移动互联网时代，“口碑经济”能够发展的基础。

那么“口碑经济”怎样才会发展呢？第一个核心就是用户对产品的信任，第二个核心就是他愿意货币化他的社交关系（信用）。用过产品的人才会有这种信任，如果他本身不信任这个产品，他是不会货币化他的社交关系的。每个人的社交关系，他心里面都有一个标准和定价。然后，他的朋友使用这件商品，产生良好的体验，再反过头来为他的信用加分，如此产生正向循环。

我们来看几个案例。

比如，某些高端的食品企业正在移动互联网上尝试发展分销员，分销员可以享受销售佣金，买了自己吃，也可以享受一点儿优惠。由于它的食品是标准品，大家会重复购买，并且消费层次高，因此分销员取得收益的机会也比较大。对于该食品企业来说，相比于层层批发商、代理商拿走的巨大利益，给分销员10%左右的提成还是划算的，同时能获得在微信朋友圈里的广泛传播，总的来说是一个名利双收的模式。

随着市场竞争的日趋激烈，房地产业近几年兴起了“全民经纪人”模式：不管身份是公司员工、经纪人、老业主还是社会普通人，都可以将楼盘推荐给客户，如果客户成功购房，就给推荐人提供一定的佣金。碧桂园、绿城、万科都纷纷寄希望于这种房产直销模式来提升其业绩。

还有不少企业在尝试把员工变成推行“口碑经济”的起点。

一些企业正在尝试把我的品牌是被顾客信任的思路，改成我的每一个员工都是我的顾客喜欢和信任的。要把品牌和营销能力武装到全线士兵，让全线的每一个销售员、每一个员工去真正地拿枪打仗，而不是企业拿品牌这个大炮去打仗。

未来不仅是把产品摆出来，写上打折，消费者来看了就在那里买，同时也要让全线员工去微信、微博上找客户，跟他们交朋友。跟客户对话的时候，不仅官方公众号在给全体顾客发消息，而且员工小张、小李也在跟自己熟悉的客户朋友传达消息：我觉得有一些东西适合你。这就是武装到全线士兵。

比如说，一个顾客来家纺店买东西，员工小张说：“大姐，我们加个微信号吧，我在朋友圈会发一些店里进的新款床单之类的产品，你要是喜欢就直接跟我说，我拿内部员工折扣卖给你。”其实员工身边的很多亲戚朋友也都可以享受到员工价。这样，员工上班在销售，下班了还在销售。

这是把自己的员工变成真正的全线营销人员，让员工背着自己的品牌走。员工，就变成了“口碑经济”的起点。

让所有用户和员工都参与销售和传播，在有赞商城已经有几千个线下店商在很好地应用这种方式，白鸦认为，这是“口碑经济”的核心操作方法。

“口碑经济”的起点，还可以是一些网红和IP。比如当罗辑思维说这家土特产店卖的东西最好，他的粉丝就相信了这家店。所以那些红人和IP是有价值的，都是信任和背书的价值。美女网红比较适合卖服装，广州汇美服装公司2015年签约了一个有182万微博粉丝的网红，新款服装不到1小时业绩就突破了160万元。目前汇美已经签约网红30多位，预期销售额2亿元。还有些网红是各领域的专家，比如有个在家庭主妇的圈子里非常有名的网络红人，她平时提供内容服务，给用户说育儿方法，跟用户交朋友，产品就是偶尔卖一次，有一次卖烘焙的锅，一套卖好几千元，3000套锅10分钟就卖完了。那些有一定年纪的明星IP比较适合卖护肤用品、减肥产品等，比如，刘晓庆如果卖面膜，那绝对火爆。

有了“口碑经济”的起点，下面就是如何激励传播节点的问题。

最好的产品，也许是不用激励的。因为消费者会觉得，他不是在帮你宣传，他是在帮他的朋友获益。但是对绝大多数产品来说，对消费者有些精神或者物质方面的激励，能增加二次流量获得的层级次数以及流量到来的速度。

给消费者一些销售奖金，成为一种非常流行的做法。

但是，这样做的时候，要非常慎重，注意跟传销之间的区别。如果消费者的主要动机从分享好东西顺便获利，变成了不断发展下线赚钱，就必须注意了，这是不是背离了“口碑经济”的本质。

现在有不少可用于“口碑经济”的技术平台，大家可以做更多的研究。如果说“社群经济”是获得一次流量的趋势红利，那么“口碑经济”，就是获得二次流量，甚至源源不断地重复流量的趋势红利。

单客经济：重复购买是最大的流量红利

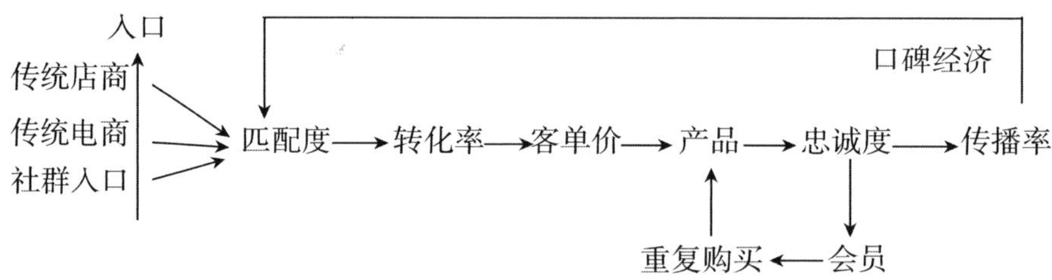

到这里，我们把渠道的“流量红利图”完整地解释一下。

消费者与企业、产品、服务的接触点，我们站在企业的角度看，称之为“渠道”；站在消费者的角度看，称之为“入口”；站在中性的角度看，称之为“连接”。

这种“渠道、入口、连接”，最传统的是线下店商，过去10年发展到线上电商。今天，我们发现，社群与口碑变成两个重要的“连接”，或者说变成了尚未被“传统化”的“入口”——我们称之为“流量红利”——使用更便宜的成本，把人给带进来的流量入口。

带进来之后有一个“匹配度”的概念。这个连接双方（产品、消费者）的互相需求度如何？或者说这个“入口”所代入人群的“精准度”如何？匹配度就是这些人中间，有些人根本不可能买你的东西。假设你是卖口红的，只有某个群体才会买口红，你连接、匹配的用户如果是公园遛弯儿的老人群体，匹配度就很差。所以，这个入口的匹配度越好，价值越大。

社群天然具有最好的匹配度，因为他们就是因为某个兴趣而聚在一起。匹配这个兴趣，就匹配了几乎这个群体里的所有人。口碑传播天然也有非常好的匹配度，因为人以群分，喜欢旅行的人，发朋友圈，他的朋友中喜欢旅行的人也不会很少。这也是为什么我们说，社群经济、口碑经济是新的流量红利的重要原因。

假设匹配的人都是25岁左右的女孩子，这中间必然有的人会买，有的人不会买，这叫作转化率。成交转化效率越高，就代表这个渠道的运营能力越高，转化效率越好，这是我们的努力可以影响的。这中间又有很多运营细节的学问，比如和用户的信任建立、互动情感建立、基于数据对消费者行为的分析、基于场景的推荐等。

把潜在的消费者转化为消费者（转化率）的时候，还涉及一个“客单价”的概念。客户平均一次在你这里买多少东西，你是不是提供了在这个时间点上、这个场景下他所需要的大部分价值，我们用客单价来衡量对客户即时需求的满足和创造。

基于某个客单价的订单一旦发生了，就回到了商业的本源：产品本身。一个真正好的产品，可能造就一个忠实的用户。所以说，忠诚的前提是产品要足够好。忠诚的用户就会形成口碑，如果口碑好到一定程度（客户忍不住发朋友圈宣传），又会产生自发传播，这就是“口碑经济”。口碑经济用极低的流量成本，把自己没办法触及的新用户，通过一个“意外之喜”的入口，带入“匹配度→转化率→客单价→产品→忠诚度”的循环。主动运营口碑经济，就是把这种“意外之喜”变为意料之中。

但是，除社群经济、口碑经济之外，我们认为，这个时代最大的流量红利，来自消费者的重复购买。

重复购买，是为了实现每一家企业梦寐以求的价值目标：客户终生价值（Customer Lifetime Value）。其实，很早之前，就有很多人关注这个问题。通用汽车的负责人曾说过，一个通用汽车客户的终生价值是7万美元。不过，这个问题在与消费者连接很脆弱的情况下，很难实现。移动互联网时代，在强连接的基础上，这件事情变为了可能。

过去顾客在你的店里买了一个手机，买完之后就走了，生意到此结束。你的房屋租金、运营成本、人员工资，会平摊到每个客户身上，称之为“获客成本”，用互联网的语言，叫“流量费”。一旦客户走了之后，下个客户还得重算获客成本、流量费。但是，如果这个客户变成你的会员，你就有他的基本信息，如果能和他长期保持联系，不断互动，为他创造价值，让他对你有信任，那么当他下一次再换苹果手机的时候，一旦优先考虑你，线下的获客成本就不用摊到他身上了，你获得这个流量的代价几乎为零。你还可以向他推荐同类或相关的产品，他本来要买一个苹果手机，再问他要不要顺便买一个APP Store的储值卡，以及终生换新机的服务，这样就可以把客单价提高，实现“客户终生价值”。

所以，到店顾客第一次有成本，你运营得当的话，其实后面重复购买的成本就会非常低，甚至可能几乎为零。所以我们说，重复购买，是最大的流量红利。

要实现重复购买，首先要想办法沉淀客户。

比如某家连锁便利店一天到店1000人，一家店的房租是每天1000元，平均一个UV（Unique Visitor，独立用户）1元。有时，即便做互联网，一个UV1元都是不够的，所以从“流量费”的角度来看，这家连锁便利店还是有竞争力的。下面要思考的问题是，要把这些到店的人沉淀下来，变成会员和粉丝。否则店搬了，用户就流失了。有些线下店的租金要高得多，对它们来说，沉淀客户就变得更加重要。

我们再以水果店为例，你去水果店买水果的时候，老板说加个微信吧，用微信付款，可以便宜5块钱。用微信加为朋友，他与你就有了联系，产生沉淀，这5块钱是他把你变成老客户的成本。

水果店粉丝的价值就很多，比如，有了联系后，水果店可以宣布，客户如果头一天晚上10点钟之前下订单，第二天早上来拿水果，可以打7折。这是因为水果店最大的成本就是对第二天销量的预测，以及因为预测不准确而产生的库存损耗。如果你晚上告诉我要啥，我第二天早上去订货，就可以非常有目的地进一部分货了，而且锁定了部分消费。我和旁边的水果店立刻就不一样了。我的经营方式变了，覆盖消费者的消费场景变了，顾客回头率变了，所有这些方面的“变”，几乎没有成本，只需要提高我的人际技能，转化我的经营理念。

沉淀客户之后，要花大力气进行会员管理。

原先的CRM（客户关系管理），可能仅限于客户过生日送礼物，维护一下情感，是单向的，是种弱连接。但是移动互联网时代的强连接，让我们可以有不一样的做法。我们从上面水果店的案例可以看出，现在的基于强连接的客户关系管理，既可以不停地积淀老客户，又可以把销售变得循环滚动。

为了区别于传统的CRM，我们把这种基于强连接的客户关系管理称为“会员管理”。

今天的会员管理很重要，企业不需要再用大量广告去刺激了，原先那么多浪费掉的钱要尽量省下来，使得老会员体会的价值更大。企业在这方面的效率越高，在市场上的竞争力就越强。企业可以把营销费用的很大一部分切割出来，变成会员管理的架构以及老客户的价格优惠。越是资深会员，就越让他得到实惠，越让他开心。这块架构做得越早，数据化做得越好，可能未来5年就会拿到这个巨大的红利，这个企业未来的营销效率将是极高的。

关于我所说的会员管理，有赞商城的白鸦提出过一个有意思的概念，叫“单客经济”。他认为，未来企业的运营思路，会从规模经济转变为单客经济。

今天做生意的人关注的是我2015年卖了多少钱，赚了多少钱，我的人工成本多少，我的进货成本多少，我的房租成本多少，明年我应该把哪个成本再降低一些，把规模再加大一些。这就是一个传统生意人的规模经济思考方式。

未来不是这个样子的，随着人们对消费品质的要求越来越高，更愿意去消费那些习惯性信任的东西，而不是最便宜的东西。当然便宜永远都是重要的，但是有一个比便宜还重要的东西，就是“对便宜的信任”。便宜无好货的说法，让便宜不能轻易被信任。这种信任的建立，是极其困难的。这种信任，建立在对产品质量的控制以及每一个客户体验的经营上。最终，一个商人研究的不再是规模，而是客户。新的零售商家看的是，我今年服务了多少客户，一个客户在我这里消费了多少，明年我能多服务多少客户，我能让一个客户多消费多少。

如果说淘宝店的出发点是你来买东西，单客经济的出发点则是我可以为你提供最大的价值和服务。

举个例子，还是说那个水果店，你算一下，你周边这几个小区一共有多少住户，而在你这里买水果的有多少个家庭，你的覆盖率有多少。然后你再去研究一下一个家庭一年在水果上的消费是多少，如果是花1万块钱，你要去算一算你客户的平均消费有没有超过1000块钱。如果客户这方面的消费在你这里不到10%，这说明你对他没有那种黏性，或者说他对你没有那种信任感，未来这个客户是随时会抛弃你的。

单客经济，需要单客贡献更多，那么企业应该想的是，我对这个单客的价值够不够大。你不能说，一个水果店，我就只卖这种水果，那不行的，你甚至可能发现水果店里应该卖零食啊。未来没有苹果大王或草莓大王，未来只有服务这一个客群的这一个价值，我要覆盖超过他10%的消费。这个思路类似于前面提到的“社群经济”，基于所会聚人群的共同属性，为其提供多样化的产品或服务。

在大街上一人发5块钱搞100万个粉丝，其实没用。这100万个粉丝还没有到店慢慢沉淀下来，他们的“匹配度”“转化率”可能都很低，可能还不如2个月沉淀1万个已经基于某个“客单价”消费过“产品”的老客户有价值。因为你玩的是单客经济不是规模经济，要研究的是一个顾客对我的认可度是多少，我可以提供给这个顾客的服务价值是多少，所以动不动就要100万个粉丝实际是个误区，因为我们习惯性地要做规模。

我有一个朋友，叫简昉，她做的掌尚惠就很有意思，在单客经济上不断前行、探索。

举个例子：中石油的客户是一群有共同爱好的人，因为他们开车，所以才会买油，所以他们就会形成一个驾车社群。然后这个社群有可能会产生别的消费、别的活动、别的机会。中石油的问题是，你天天跟车主们说油没什么意思。

掌尚惠想办法积累了很多大企业资源，聚集无数这样的社群，让他们在一起形成一种新的生态，这种生态就是互享互利。

以招商银行用户的权益包的设计为例。

掌尚惠帮助招商银行设计了一项用户权益，就是试驾汽车，获得100元的中石油充值卡。招行客户和汽车购买者匹配度比较高，有机会获取比较多的潜在汽车客户。用户到店试驾，把接待他试驾的经理的名字和手机号回传一个信息给掌尚惠，掌尚惠就送他100块的中石油充值卡。一般来说，通过广告要获得一个真实的到店试驾，现在要花费约100块的成本。现在汽车公司只需付200块去招揽试驾者，其中100块钱变成了中石油充值卡，补贴给了用户。有的人本来就要买车的，他去试驾还能拿到100块钱，觉得很划算，很有动力。而这个汽车公司也觉得很好，不但找了试驾的人，还送了张100块钱的充值卡给试驾者。而这个试驾者是招商银行的用户，试驾可获100块油钱是招行给自己用户的福利。中石油同时也获得了宣传。

在这个案例里，企业一分钱不花，就能让消费者有福利，靠异业的互相支持，激活用户、娱乐用户，增加用户活跃度。

给用户提供最大的价值，甚至是异业价值，产生互动、黏性、忠诚度，就是单客经济。

总之，重复购买（单客经济）是最大的流量红利。

思考题：

1. 你所在的公司的主要渠道是什么？流量成本是否在提高？

2. 贵公司是否比较过在传统媒体、门户网站和大公众号的推广成本？如果尝试过新媒体推广，效果如何？是否有改进空间？

3. 请思考本公司的社群建设方法。

4. 如何在本公司客户和员工中开拓“口碑经济”？

5. 请思考本公司如何践行“单客经济”和“异业生态”？

第二章

营销：社交红利

如果说，渠道的目的是为了增加“商品可得性”，那么营销的目的就是为了增加“或然购买率”。在上一章，关于渠道（提升商品可得性、流量），我们研究了在移动互联网时代，三大流量红利：社群经济、口碑经济、单客经济。在快速变化的新时代，迅速抓住这三个红利，有助于我们占据更有利的“入口”，获得更多客户。在“企业能量模型”上，极大减少“渠道”环节的势能释放为动能时的阻力，让企业能够触及更多的客户，创造更大价值。

关于营销和品牌，吴晓波老师在2015年的传统企业千人转型大课上有精彩的描述。他说，因为互联网，今天的品牌正在经历“返祖”现象。

在很早的时候，品牌就是一个人的名字，那是最大的信用背书。比如张小泉剪刀、武大郎烧饼。后来，随着可销售的区域范围越来越大，个人信用背书不够用了，这种信任的载体慢慢从个人身上抽取出来，沉淀到一个抽象的标志上，叫品牌。这种基于口碑而来的个人信任，慢慢变成基于传播的品牌价值。

但是，到了移动互联网时代，因为连接效率的极大提升，人与人之间的距离大大缩短，品牌价值越来越依靠“口口相传”带来的口碑效应。吴晓波把这种现象叫作“品牌返祖”。

在这一章，我们将讨论这种品牌“返祖”现象背后的真正推手——社交红利，以及如何利用社交红利，事半功倍地获得新时代的品牌价值沉淀。

基于社交的口碑，是一直就有的东西。比如，很多人做陌生人生意，尤其是一些旅游城市，服务质量较差，因为这些商家不用考虑口碑，大部分客户都是一次性消费，几乎不会有回头客。在社交传播不顺畅的时代，抱怨的力量也非常有限，最多周边的三五个朋友知道，不再去那家店了，影响不了这个商家的主要生意。但是互联网时代，比如2015年轰动一时的“青岛大虾”事件，一家店宰客，让你整条街生意惨淡，整个城市被抹黑，对整个省留下心理阴影。那家商户、那条街、青岛市，甚至整个山东省，一定不希望我在这本书里提及这件事。但，这就是社交网络的巨大威力，单个投诉的威力，已经大到可以摧毁整个企业，而且有可能永远不被忘记。

这就是社交红利给品牌和营销带来的摧毁性力量。

根据“新媒体指数”的统计文章，2015年破千万阅读数的文章有48篇。咪蒙凭借一篇《致贱人》3天内涨了20万粉丝，阅读数达到350万次，但这篇文章的阅读量还排不进前200名。阅读数最高的文章《看了这张工资条，我决定转了！！！》，高达3689万次。

一篇微信文章，可以被3689万人看到。这个微信公众号的订阅数，我相信一定不到3000万人。这么多人看到，是通过移动社交独有的心动、手指即动的“指指相传”，成本极低。在过去，一张发行量100万份的报纸就已经是不得了的大报了，而且不知道这100万人中，有多少是真的看了某一篇文章。现在，一篇文章就有3000万次的阅读数，这在以前是不可想象的。所以，很多商家都在思考，如何让我的商品信息可以在一夜之间被“指指相传”，让3000万人看到呢？

这就是社交红利给品牌和营销带来的引爆性力量。

企业要顺应时代，在尽力把产品做好之后，利用社交的方式来获得传播的可能性。社交红利=口碑×移动互联网。如果运营得当，“企业能量模型”中的营销曲线不仅可以平缓，甚至可以改变趋势一路向上，让你的产品越来越火。

第1节 产品好到忍不住要发朋友圈

和流量红利不同，总体来说，社交红利不是每一家企业的红利。那么，哪些企业有机会享受像原子弹一样有威力的社交红利呢？答案是：产品足够好的企业。

过去两年，我给不少企业讲课的时候，常有企业家朋友问我：润总，我的产品非常好，在这点、那点上，是全国首创、唯一、最好的。放眼全国，几乎没有竞争对手。但是，我的苦恼是用户不能理解我的产品好在哪里。您指导一下，我如何才能让用户真正理解我的产品是最好的？

我试着用尽量婉转的语言回答他，但是答案本质就是一句话：其实，这是因为你的产品还不是足够好的。那些你自认为的好，常常都仅仅是你自认为的。说得再“伤人”一些，很多企业家首先麻醉自己，麻醉团队，让自己认为自己的产品就是全宇宙最好的，发自内心相信了之后，然后再去麻醉用户。这种“麻醉战术”，在今天的效果已经大不如前了。

那怎么样才算是“足够好”呢？在谈如何利用社交红利之前，我们首先来谈谈这个问题。

我常以自己举例。曾有伙伴问我，你怎么获得这么多咨询客户的？（海尔、中远、恒基、百度、康宝莱……）我说秘密是我不推销。麦肯锡公司从不推销自己，它只输出理念，你觉得有价值，就会找上门。我说我做的，只是静静地站在那里，分享。有缘分，自然就会合作；缘分没到，那价值你先拿走，有帮助，我就很开心。别怕吃亏。

不推销，其实是一种很“自虐”的战略，这种战略就是对我自己提出了很高的要求，就是我必须通过产品（培训、咨询）打动我的客户，让他忍不住向他的朋友们推荐，而不是借助任何我自己施加的外力。

我对自己设立了一个可考核的“变态要求”，那就是，如果有哪一次培训结束后，没有一个学员冲上来对我说，润总，这是我这辈子听过的最好的培训，那么我认为这次培训就是失败的。

我不敢说我自己每次都做到了，但我是这么要求自己的。培训结束后，满意度90%，或者120%，都没有任何意义。因为那只说明，你的课程没有让他太失望。用雷军的话说，必须“超预期”地好，他才会忍不住主动帮你宣传。

这个忍不住地主动帮你宣传，今天看来至关重要，它定义了这个我所谓的“足够好”。

中国人的阅读，已经越来越多地集中在社交网络上。微信已经有6.5亿用户，每天每个人花在微信之类社交工具上的时间，已经是数小时。社交网络对企业的产品而言，我们认为，其本质是“口碑放大器”和“传播加速器”，它将赋予“足够好”的产品史无前例的机遇。这个“足够好”的程度，就是好到用户忍不住发朋友圈由衷赞叹，否则觉得对不起朋友。能好到如此，社交网络会把整个世界送给你。相反，如果你让用户忍不住在朋友圈骂你，社交网络会把你的整个世界拿走。

为什么这么说？因为你所有的主动宣传，只能触及第一级受众。你做得再好，触及的人再多，对他们的影响再大，都是有限的，而且是有巨大成本的。传统营销、品牌建设工具，我们称为“一次营销”工具。你对这个人是否帮你宣传（二次营销），以及他能宣传给多少人，几乎没有控制力，更不要说他宣传完之后，他的朋友是否还会继续被打动，再次宣传（三次营销）。社交红利，是对二次营销、三次营销……N次营销能力的释放。

在过去，好产品用完客户也有口碑，但传播率很低，衰减率很高，你跟别人讲的机会很少。有人到你家里边，发现这个净水器不错，然后你介绍说这是海尔的，挺好用的。其实这种机会很小，他再去传播给别人的可能性会更低。那些日本马桶盖没在中国打一分钱硬广告，但是为什么你会远赴日本去抢购？是因为口碑。但是，日本马桶盖，其实是在移动互联网时代，被吴晓波一篇文章《去日本买只马桶盖》一夜之间点燃。在移动互联网时代，用完之后觉得好，再稍微给点激励，用户在微信的传播率就比较高，就会变成巨大的红利。

在移动互联网时代，一些“爆品”“快公司”的出现，都和“足够好的产品”遇到“足够猛的社交”有关。

比如，小米为什么在微博时代获得巨大的成功？我曾经采访过小米的联合创始人黎万强，他说我们其实并不是真的懂营销，我们只不过是把市场上卖4000块钱的手机，在微博上卖1999块。面对这样的“超预期”的惊喜，消费者能不传播吗？小米手机的性价比好到这个程度，人们都忍不住要传播，不传播都对不起自己的朋友，这是小米享受的社交红利。

“大疆无人机”是个典型的学渣逆袭的故事，汪滔本人特别低调，但极其关注产品，闭着嘴，用产品占领了全球70%的市场。把东西做好，产品自己会说话，而用户会放大产品说的话。

所以，当一位十几年微软老友创业，要做2B（面对企业用户）的互联网产品，打算融资招几百个销售，大力推广时，我说，不一定对，但如果我做，我一个销售都不招，亲自上门演示，如果客户体验完没激动到忍不住在圈内推荐，就是产品的问题，回去改。过去，产品不足市场补，市场不足销售补。互联网时代，传递价值环节被压缩后，试试让产品说话。

享受这时代巨大的“社交红利”的前提是，产品要足够好。这个足够好的标准就是用户忍不住要发朋友圈夸你。具体如何把产品做好，有什么趋势红利可以享受，我们在下一章（创新红利）来讲。这一章，我们先谈社交红利。

第2节　产品、营销、渠道一体化，是社交红利的基础

我们发现有个很明显的趋势，产品、营销、渠道，这三件本来看上去完全分开、逐步展开的事，因为互联网时代带来的高效连接，已经越来越一体化。而这种一体化是“社交红利”实现的基础。

营销前置（产品营销化）

前几年，互联网界很流行一句话：产品就是营销（Product is the marketing），说的就是这个意思。用另外一句通俗的话来说：好的产品，自己会说话，甚至自己会营销。

其实在过去，也有一种流行的说法，叫作“营销就是产品”。

比如，奢侈品的营销部门，我们认为其实是一个产品部门。LV的一个箱包的价值，从生产出来到卖到消费者手上，一个女人对这个包包有感觉，这里面可能百分之七八十的产品价值（尤其是情感价值）是产生在营销部门，消费者购买这个产品的理由，不仅仅是这个产品带来的使用价值，更多是通过大量营销，给消费者带来的情感价值。所以营销部门在奢侈品行业里面，从本质上来说是产品部门。可口可乐跟LV是一样的，快乐——这个营销部门创造的，附加在产品使用价值上的情感价值，也是可口可乐产品价值中的非常重要的一个部分。

但是在今天，我们要讲的是“产品营销化”。如果企业认为“产品好到用户忍不住转发”这个标准目前还达不到，那么“产品营销化”是相对比较容易操作的实用办法。

产品营销化就是将营销前置，把营销精神或营销元素融入产品，比如可口可乐把流行歌曲的歌词印在瓶身上而大受欢迎。企业在产品设计的时候就应该有营销专家介入，或者说要有传播性的思考在里面，否则等到产品完成，再开始找营销的人，很可能比竞争对手要落后很多，或者无法充分使用现在的社交红利。

产品营销化已经成为潮流。今天，产品不自带营销功能的话，绝对不是好产品，势能上到不了那么高。

比如微信。腾讯把微信做成了一个游戏。我们以为我们在“用微信”，其实我们是在“玩游戏”。每一个场景都根据人的“贪嗔痴”来精心设计，你越玩越上瘾，最终不能自拔。和微信的游戏性比起来，微信里的游戏都不能算是游戏。微信这个产品，可以添加你手机通信录里的朋友成为好友，这个功能本身极具营销推广的特性，能迅速把手机关系转变为微信关系。这是产品营销化，或者说营销前置的典型案例。

再比如e袋洗。e袋洗是上门取送的洗衣服务，他们设计了一个很有营销特性的产品：不管你能塞多少衣服进洗衣袋，都洗净、熨好、挂袋、送回，只收99元。这个服务设计，极大满足了用户“占便宜”的心理，并使用户产生与朋友分享“有便宜可占”的欲望。我随便塞了几件衣服，上门揽件的阿姨恨我不懂持家，一定让我塞满，塞到我很有罪恶感时，她说：“这算什么，有人往这个袋子里塞了32件衬衫。”多塞衣服，就是占到便宜，这是个很有趣的环节，也很有传播力。

有家叫“极食”的餐厅很有意思，蘑菇是现采摘的，吃完后再把蘑菇根和培养土送你。回家后不久，没想到居然真的长出第二茬蘑菇，再摘再吃，没想到又长出第三茬蘑菇。我儿子好好体验了下采蘑菇的滋味，还想再去那家餐厅。我则主动将这个“独特品”在有很高消费能力的朋友圈直播。

产品设计的过程，也可以营销前置。比如说苹果产品本身含有大量的营销元素。产品在形成的时候，里面就有营销性，就是有故事可讲。保密是苹果公司的核心文化，你怎么猜，它都不会告诉你新手机的细节。这是满足用户的“好奇心”，利用好奇心传播。

4月1日愚人节，已成为很多互联网公司测试民意的重要工具。百度在愚人节推出“筷搜”，阿里推出“空付”，反响很好，但都被认为是玩笑和对未来的科技幻想。没想到，一年之内，这两个产品都正式发布了。产品的发布环节也在营销化。

营销前置、产品营销化，最终都是对人性的洞察，并把这种洞察融入到产品的设计中。不管微信利用的贪嗔痴，还是e袋洗的占便宜，还是苹果的好奇心，都是充分洞察了人性，顺应了人性，满足了人性，把产品做成了营销的起点。有的产品是知道的人越多，这个产品的价值越大，这是满足用户的“被社会认可”需求；有的产品是用的人越少越想用，这是满足了用户的“炫耀”需求，或者说“自我身份认同”，人们都会用这种东西来标记自我。“认可”和“炫耀”，都是人性层面的东西，是产品营销化的基础。

营销后置（品销一体化）

正如产品正在营销化一样，营销和渠道也正在逐渐一体化。越来越多的企业，要求在做品牌宣传的营销活动的同时，必须以带来直接销量为指标。我们把品牌宣传、渠道销售的一体化称为“品销一体化”，或者“营销后置”。

如果说，研发，是把金钱变成知识；产品，是把知识变成产品；那么，营销和渠道，就是把产品变成金钱。

那么，营销和渠道的差别是什么？营销，是为了提高“或然购买率”，手段是占领用户心中的“品牌优先权”；渠道，是为了提高“商品可得性”，手段是占领用户心中的“入口优先权”。互联网时代的数字化趋势，导致营销和渠道越来越统一，即所谓“品销一体化”。品牌宣传带来直接购买，而购买的用户自发启动二次品牌宣传。

品销一体化，就是营销进入了渠道销售环节，营销直接变现。长期来说，营销本来也是要变现的，不变现的营销没有意义。

其实真正进入大规模的、纯粹的品牌建设阶段的企业是不多的。大量的企业做营销的主要目的，就是为了早点儿卖掉产品，能够回收投入的前期成本，就是直接销售、销售、销售。

这使得我们去思考，今天的互联网时代营销和渠道销售之间的关系。营销能够后置的原因是互联网时代数据化了，可以一路到底了。

在线下时代，营销、渠道销售，大多时候是被迫分离的。比如，冠名、赞助，是为了把“或然购买率”沉淀在品牌之上。我们投广告，一定是诱发欲望的，就是要激发消费者的购买冲动。广告上看到这个东西好得要死，行，明天去看一看，激发购买冲动，但冲动和直接满足欲望之间有个落差，会形成巨大的漏斗。第二天一觉醒来，很多人冲动消失了，不去了，从而浪费了商家很多销售机会。

但是在今天，特别是在互联网上，比如说你看《芈月传》，旁边有个必胜客广告，你看着上瘾不想出去吃饭了，就直接点购买，一会儿就送到家里来了。这种营销引发了欲望之后，你直接就采取了购买行动。也正是因为这样，越来越多的客户就把营销公司的数字广告看成了销售渠道，并且拿这个来考核营销效果。

所以说，互联网时代，营销也在后置，品销越来越一体化。

我们以“凯叔讲故事”为例看看如何实现品销一体化。

凯叔讲故事，是一个在2—10岁的孩子以及他们的妈妈中间非常有影响力的一个公众号。

凯叔是原央视主持人，很善于讲儿童故事。他常常给自己的孩子讲故事，后来想，为什么不分享给大家呢？2013年9月30日，“凯叔讲故事”微信公众号正式开始运作。2014年4月，大受用户欢迎的王凯正式开始把这个公众号当成事业来做，不到两年，微信公众号就有了400多万用户。“凯叔讲故事”免费提供的每天更新的内容，为凯叔在特定群体中建立了强大的品牌认知。

那么，这个“品”如何转为“销”呢？

很多自媒体人选择了把流量卖给广告的方式。在拥有一定影响力的公众号里插入广告，获得收入。比较知名的有顾爷、六神磊磊读金庸等。他们很巧妙地把广告做出了花样，各种心思巧妙的神转折，让别人对广告并不反感，获得了不错的效果。但是凯叔认为，总体上来说，广告始终是效率很低的变现方式。“品”，一定要直接对接“销”。自媒体的主要出路，一定是电商。

比如说很多家庭会跟着凯叔买书。凯叔团队就研究他们为什么会跟着买这些并不便宜的书，后来发现其实用户跟凯叔买的不是书，买的是一种解决方案。在成千上万的儿童书面前，家长们不知道自己的孩子在这个年龄段应该看些什么。但是他们知道，孩子爱听凯叔讲故事，凯叔的每一个故事都是一本书，那就跟着凯叔买吧，实际上这是一种解决方案。于是凯叔干脆把这个事做足，帮家长打造一个更适合他们的解决方案，于是定制版的解决方案——“凯叔盒子”诞生了。

“凯叔盒子”的源头是出版社的人找到凯叔，希望他能多讲他们出版的故事，那时候凯叔的用户才四五万，就问为什么。出版社的人说：“我发现你播了我们的故事之后，这个月这本书的销量翻了一番。”后来随着用户的增长，凯叔每讲一个故事，就有出版社告诉他，有这故事的书的销量翻了三番，这肯定是有很多用户跟着凯叔去买书。用户实际上是在寻找一种解决方案，这种解决方案还是比较粗糙的，就是看着凯叔讲什么故事，他就买什么书。现在凯叔从每个月讲的40本绘本里，选出6—8本，直接跟出版社下订单，装在“凯叔盒子”里，每本书配上一个带着二维码的贴纸，一扫这个二维码，就可以一边听着凯叔讲故事，一边看书。这样最多的时候，一天可以卖出去16 000册书。

由于用户非常认可这种方式，出版社问凯叔，我新书出版的时候，能不能就直接把你的这个二维码、你的LOGO印在书上，告诉所有的孩子，我这本书是好书，是凯叔认证的。凯叔说行啊，你付版税吧，我们合作。出版社跟凯叔以这种方式合作了一本叫作《世界上最大的蛋糕》的绘本，一周就卖了15 000册，非常成功。现在印着凯叔LOGO的书已经出版了将近两百种了，对凯叔来说，这是一个很好的推广，每一本书都是他的广告，而且他还能挣钱。

从上面这个例子可以看出，凯叔已经成为一个超级IP。

IP，是2016年的一个热词，其原本的含义是“Intelligent Property”。我还在微软工作的时候，这个词我们用得非常多，我们把它翻译为知识产品。在今天，在内容创业大行其道的时代，很多人把它等同于广受认可的、受知识产权等相关法律保护的、有比较好商业变现前景的内容。

凯叔认为，真正的超级IP一定是人，因为人在他的有生之年，是会不断产生新的内容的，就算他没有产生新的内容，这个人往那一放，他也会是一个活的品牌。实际上，IP之所以能卖出钱来，是因为把巨大的流量、人气聚到了一起。而因为一个IP聚集在一起的人，一定有特殊属性，一定会有共同的痛点，如果不帮助他们解决痛点，而是给他们看广告的话，就是一个巨大的浪费。

凯叔讲故事80%的用户都是妈妈，把她们聚集到一起之后，凯叔的团队做了“妈妈微课”，围绕科学育儿、如何和孩子相处进行教学，当一个个妈妈能够接纳孩子的一切的时候，最终受益的一定是孩子。目前“妈妈微课”有460个500人左右的微课群，聚集了20多万个妈妈，曾有15万人同时在线收听。每一期她们会把听课的重点、老师的语音变成内容，发送给那些没有听课的妈妈以及没有在群里的妈妈。她们是为了学习才聚集到一起的人，有共同的目标，有非常多的共同语言。这些人聚集在一起，力量是非常大的，这些微课群在平时没有内容产生的时候，每个群的活跃度是50%，如果是上课日的话，那就更高了。这样的活跃度是非常可怕的。一般群越大，越没有人说话，因为微信群不是熟人链接，互相都不认识，不知道说什么。妈妈微课群的活跃度是共同兴趣的强大力量。

目前“妈妈微课”是免费的，这些课都是请专业的大咖来讲，但是不成体系。慢慢地，这种微课是可以成体系的，就像一个学校一样，按照孩子不同的敏感期，妈妈们可以接收到专业的培训。这些培训内容已经进入出版阶段了，以后发展起来的专业的父母培训机构有可能是一个比较大的生意。

基于一个独立品牌的产品往往会走向多元化。凯叔一开始从讲故事这么窄的一个点出发，产品越做越多，越做越宽泛，自然生长出一个比较复杂的商业模式。

当媒体人开始有自己的产品，开始经商的时候，凯叔认为这叫真正的自媒体，因为这是把流量包给自己，以此来实现它的商业价值。这是大趋势。那么，我们可能就要反过来鼓励那些有商品的企业，要拥有媒体的能力，就是说要有本事让自己的品牌变成IP，变成人格化的东西，或者干脆让所有的商品围绕人格化去打造，靠IP的魅力增强用户的黏性。

无论如何，品牌和销售，或者说营销和渠道，正在一体化。以广告为载体的中间状态，正在被逐渐削弱。

产品、营销、渠道，企业能量模型中的势能积累、动能转化模块，越来越一体化。这要拜互联网，尤其是移动互联网所赐。下面，我们就要来说说，我们在移动互联网时代有哪些社交红利可以抓。

第3节　三大社交红利

引爆圈层：如何让用户的朋友也帮你宣传？

如果说“社群经济”这个流量红利是帮助企业获得很多新客户，“口碑经济”这个流量红利是使消费过你产品的用户变为你的推销员、推广员，那么“引爆圈层”就是如何让可能连你的产品都没用过的你的用户的朋友们，一传十十传百，继续帮你传播。

多次，甚至无限次传播，这是社交网络的第一红利。

如果说使你的用户为你传播，是因为产品价值打动了他，那么，连你的产品都没用过的人，为你传播是因为什么呢？

这里，我们要提到我在《传统企业，互联网在踢门》一书里所提出的

“连接器”转变逻辑。在线下经济时代，地段是连接器，把企业和消费者连接在一起；线上经济时代，流量是连接器，流量越多，消费者与企业的连接性越强；今天这个社交网络时代，时间是连接器，谁抢占了最多的用户的时间，谁就拥有更大的机会，产生品牌认可、产品购买等后续事件。所以我在书中说，移动互联网时代的一切战争，都是围绕着用户时间的争夺战。

那么，怎么在移动互联网时代抢到用户时间，让他帮你传播呢？

时间就是金钱。用户的时间，是真正的社交货币。我们首先要理解，他们期望用这个货币“买到”什么。他们当然希望“买到”最物超所值的东西。这个物超所值的东西，并不是真正的企业的产品，而是一种社交网络里的价值，我们称之为“关注点”。用户期望用自己最宝贵的“时间”，去购买“关注点”。

所以，作为企业，我们必须理解，我们除了企业自身的第一产品（实体产品）外，我们必须生产第二种产品，叫“关注点”（虚拟商品）。我们用第二产品关注点，去换取用户的社交货币、时间，然后再用这个机会，销售给他们我们真正的第一产品，换取现实货币、金钱。

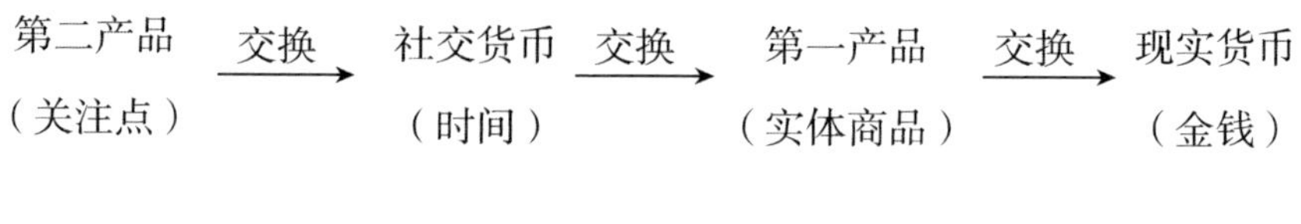

第二产品（关注点） —交换→ 社交货币（时间） —交换→ 第一产品（实体商品） —交换→ 现实货币（金钱）

建立企业的第二产品部门，生产“关注点”这种商品，交换尽可能多的社交货币（用户时间），是这个部门的最重要职责。“关注点”这种产品，有着神奇的流感式的效果，可以不断顺着社交关系链层层传递，这种传递的“衰减度”越低，传播效果越好。如果衰减度在一个特定时间段能够等于甚至大于100%，将会产生越来越轰动的“引爆”的效果。

当我们提及这种叫作“关注点”的产品时，我们通常指的是理性分享欲望和感性分享欲望。

理性分享欲望，来自于对自己“有用”，对朋友“有用”。比如，发红包转文章，比如文章内容含有优惠信息，比如产品本身很好，这些都是“有用”的。有用，就是我花了时间在你发的东西上，你别浪费我的时间。干货文章就一直传播得很好，不是别的原因，就是因为东西好，有用。《社交红利》的作者徐志斌告诉我，微播易在监管内容的传播，每次把他们所看到的案例、数据、总结原汁原味扔出去，传播效果很好。有用的东西，会激发理性分享欲望。

感性分享欲望，来自于刺激了“表达”神经。愉悦的阅读体验会让人想要转发，以“表达”自己的这种愉悦；转发慈善信息、寻找失踪婴孩信息，是一种“表达”自己善良的“便宜”方式；转发深度文章，“表达”一些犀利点评，有助于塑造自己的圈层形象；转发玩小游戏战胜了全国98%的用户，是“我们厉害吧”的表达。这些都源于感性分享欲望。

总之，企业一定要像做产品一样重视做关注点。关注点就是你的第二产品。企业公众号、社群的文章、视频不能只是为了满足自己的推广需求，比如，我们的CEO最近发表了重要讲话，全体员工斗志昂扬、泪流满面，或者公司决定发布一款新产品，请所有用户有秩序地围观。那些都是你的关注点，不是用户的关注点。因为满足了你的关注点，你可以通过群发，获得第一轮传播；但因为没有满足用户的关注点，就会断崖一样停留在用户的“未读微信文章”里，成为一个永远的小红点。

一篇公众号文章，你想读者用他的社交货币来买，你就必须满足读者的某种需求，让读者有利可图，而且这个利越大越好。比如“冷笑话精选”能满足读者的娱乐需求，李叫兽的公众号能满足读者学习营销方法的需求，我的公众号“刘润”（runliu-pub）聚焦于转型，教传统企业成功转型的方法论。

在此基础上，我们进一步分析一下微信朋友圈产生“引爆圈层”效果的内容传播的普遍规律，即分期付款规律。对这个规律的深刻理解，有助于我们有技巧地生产有价值的关注点。

这个分期付款规律指的就是，几乎没有人可以用一个关注点，一次性得到用户的全额付款。也就是说，一看到你的文章，就决定花两分钟来看。读者通常会选择“分期付款”，就是我先投资给你0.5秒，你给我点好看的。如果有价值，我再出2秒，确实不错，我再花个10秒浏览一下。真的很好，我再决定投入100秒从头到尾仔细看看。这就是“0.5秒—2秒—10秒—100秒”现象。这个数字不一定非常准确，代表的是一个概数。每个人大方或小气，时间投入都不一样，但基本规律一样。

上面每一个阶段都是一场战役。

想象一下，用户在朋友圈刷屏时，手指往上一滑，3—5条分享翻过去了。他能停留在朋友分享的微信文章标题的时间，可能最多只有0.5秒。这个标题是不是足够吸引人，让人有阅读的欲望，就显得非常重要。一般微信文章的标题不超过30字，甚至更短。你如何能在30字之内制造冲突、营造戏剧性、紧扣热点、激发好奇心，就显得非常重要。

起标题真是个技术活，它就像商品的包装一样重要。你如果在你的商品的包装上用足心思，那么也请你对文章的标题呕心沥血。徐志斌的《即时引爆：社交红利2.0》里举过一个标题党的例子：如果在标题中写“必买的5件商品”或者“必买的30件商品”，会导致打开阅读率下降。因为5件商品所能获得的收益太小，而30件又太多，还要再度浪费时间从中挑选，因此读者会直接放弃。“去法国买这10款产品就够了”，这种才是好标题。

标题战役之后，就是开篇战役。

用户会花2秒读完开篇第一段。如果第一段不知所云，不够精彩，很多没有耐心的用户就会立刻把文章关闭了。他可能只有等地铁到来的3分钟或者吃饭前等菜的5分钟时间，他还有很多事情要做，很多信息要刷，没时间在你身上浪费。他给了你0.5秒，你给了他一个好标题；他对标题比较满意，就继续分期付了第二笔钱，2秒，然后你又给了他开篇；如果他对开篇不满意，你立刻就被打入冷宫，连辩诉的机会都没有。

所以开篇要诱人。不少朋友会在开篇用100字左右非常精妙地小结本文的内容，让读者感受到进一步的价值，觉得进一步投资社交货币（时间）是有价值的。这段100字左右的小结，又是一个深厚的功力所在。

如果你的开篇足够精彩，这时，读者会决定继续投资你10秒钟，从头到尾翻一下这篇文章。现在的读者越来越急躁，一是因为他们的时间越来越值钱，二是因为垃圾信息、文章也确实太多。读者说，他“看过了”，通常是指他“翻过了”。所以，你要以翻的速度来设计写的过程。

比较好的办法，就是在整篇要一两分钟读完的文章中，用显眼的标志，不断标出一些重点。这样，读者翻的时候，眼光会自然而然地停留在这些重点上。既然你只能翻10秒钟，那我希望你看到的，都是核心观点。这些重点如果上下连贯、自成体系，用户其实也就可以获得文章主要想要传达的信息。如果这些重点中，还有不少“金句”，激发了读者的兴趣，他可能会决定翻到最前面，再投资你100秒，认真读读这篇文章。

负责写出这些好文章的职位，叫文案。好的文案，对热点事件一般很敏感。大白火了以后，大白兔奶糖没做点什么，很让人失望。它至少可做的事情有：（1）广告语改为：大白你好，我是大白，too；（2）设计个萝莉萌妹给大白做女朋友，起名大白2；（3）做大白形状的奶糖，两只一装，起名大白two，含嘴里萌化。这些都是能激发传播的重要手段。

因此，给好文案比较高的年薪还是很划算的，很可能比投传统媒体广告划算得多。在中央电视台投的广告，啪一下就看完了，看完了就结束了。而好文案提炼的金句或故事能使人们欲罢不能，读完100秒。

100秒读完后，读者会不会分享呢？这就要看我们前面说的有没有满足他的理性分享欲望和感性分享欲望。但是如果你的标题战役、开篇战役、要点战役、全文战役没有打好，那就算你的内容有料，被传播的概率也会大大降低。

用户最终愿意花多少时间来买企业生产的内容，要看企业给了用户多少物超所值的东西。企业要算的账是用户的投入产出比，而不是企业自身的投入产出比。用户投入了时间，企业给他的收益是不是够好、够高？我给出的东西是粗糙的还是精致的？标题信息是否足够简单？版式、版面是很舒服的吗？是让读者一目了然的吗？内容是逻辑很清楚、过程很干净、文字很优美的吗？其实就是这些点点滴滴的事情，决定了是否物超所值，物超所值决定了用户的停留时间。

总之，我们既要实现“产品好到用户忍不住要发朋友圈”，也要实现“文章好到读者忍不住纷纷转发朋友圈”，这就是社交红利中的“引爆圈层”红利。

零距交互：用交互，把传播沉淀为用户

传播之后，是交互；交互之后，是变现。传播、交互、变现，是新时代社交红利下的三个自然步骤。我们刚刚讲了“引爆圈层”的传播方法，下面，谈谈获得传播后的交互——我们称之为“零距交互”。

如果说微信朋友圈、微博是天然获得“传播”的地方，那么微信公众号，微信群就是重要的“零距离”交互场所。当然，你也可以做自己的APP，与用户零距交互。

为什么要交互？因为获得用户之后，交互是充实对他们的画像，完整用户的资料，甚至获得用户个性化需求，不断探索如何满足用户需求的一个过程。这个过程，是在传播、变现之间不可或缺的一个部分。

还是以“凯叔讲故事”为例。

凯叔在获得了几百万微信公众号的订阅者之后，每天微信后台用户发来的消息就有20多万条。是的，数量级是万条。虽然量有点太大了，但是这对凯叔来说，是非常重要的资产，可以帮助凯叔了解他的用户，和他们交互。

后台很多孩子、家长和凯叔聊天。很多家长反映，和孩子相处有很多痛点，最抓狂的就是拖延，吃饭拖延、睡觉拖延、起床拖延等。

凯叔决定选择这个点去尝试一些不一样的玩法。他设计了一个游戏，叫“凯叔任务”。

有一天，故事讲完之后，凯叔说：“我今天给你们讲故事‘迟到了’，就是因为早上太磨蹭了，因此凯叔决定，以后每天早上起床、刷牙、洗脸的时间控制在10分钟以内，你们愿不愿意跟我一起来完成这个任务？如果你今天完成了，你就可以在微信里面点亮一颗属于自己的星星。如果连续7天不间断完成的话，就会获得7枚星星，就可以把一枚凯叔的勋章直接挂在自己的胸前。”

凯叔团队当时做那个测试，觉得有五六千人就算是成功了。结果第一个凯叔任务抛出去，10万个家庭同时在做，最终坚持7天完成能拿到勋章的孩子，是1.2万名。第二个凯叔任务出来，15万个家庭参与，1.7万多名孩子成功。

孩子通过自身对于凯叔的爱，能够调动自己的积极性和自己的拖延性去斗争，养成自己的习惯，让自己更完美。另外，家长有的时候比孩子还有感触，比孩子还要认真，这个产品自然击穿了家长和孩子两种用户。凯叔刚做到第三个任务，就已经有50万个家庭在玩了，能够坚持下来拿到勋章的孩子有4万多名了。

拿到几个勋章后，孩子们还在继续玩怎么办？这自然会变成一个会员制的商城、积分制的商城，因为这个积分只有在凯叔这里可以兑现。而当孩子表现好，完成什么任务的时候，家长往往会用实物进行奖励，这个实物一定得通过会员积分来转换，这条线自然是跑得通的。所以今后“故事+任务”会成为凯叔讲故事的常态。

这就是不断和用户交互产生的机会。而社交网络带来了“高效交互”这个红利，让用户可以非常快速、便捷地与企业交互，不会错失很多因为陌生而可能失去的机会。一个人广播，然后推出商品，这个是“媒体”思维；和用户交互，一起玩出新意，产生生意机会，这个是“社交”思维。

那么，这个“高效互动”的载体在哪里做最好呢？

目前，已经有三分之一的公司做了移动营销，其中的四分之三做了微信营销，就是社交营销。因此，现在社交红利越来越会成为广大企业运营的标配。我们对“零距交互”的载体有几个基本判断。

首先，今天的企业不要自建社交网络。因为，成为腾讯、陌陌的机会窗口，基本已经过去了。就算还有微小的机会，需要的基因、逻辑、资本，和你的主业都相去太远。用户和他的好友已经在某个大型社交网络（QQ、微信、微博、陌陌）中构建了非常完备的社交关系，企业现在要自建社交网络的门槛已经变得特别高，连阿里都未必搞得定这件事。

其次，不论是互联网企业还是传统行业的企业，都要有自己的公众账号，就像当年要有自己的网站一样。我在微软近14年，出来创业成立自己的管理咨询公司后，却完全没有建设自己的PC网站，我只做了微信公众号。有些人觉得奇怪，我觉得真的必要性不大了。反而公司会常常接到一些推销电话，说他们是做网站的，问我们要不要做一个网站；说他们是卖域名的，觉得有一个域名很适合我们。我都会报之一笑，认为拥抱互联网就是做个网站的时代，很早之前就已经过去了。今天，你需要的是一个可以发布被传播的文章的源头。这个源头，可以是微信的公众账号。如果你真的觉得不够，背后可以请公司帮你架构基于H5的移动网站和账号体系。账号体系可以用来沉淀用户，与用户发生直接联系，随时随地与用户进行交流互动，进一步做好服务。

企业做自身公众号，最重要的是要招一个“对数据极度敏感的变态运营者”，他不断地关注自己的后台，每天分析文章阅读数据、分析用户留言、分析社交投入产出比，不断提升与用户传播、交互的效果。

这个关注数据关注到变态的运营者，是非常重要的，是达成运营目标的重要基础。好的运营者，不会根据自己的喜好写文章，而是根据数据不断地优化调整，不断提升标题、内容、文字排版、视频拍摄的传播性和与用户的交互性、黏性。他的价值远大于过去，甚至已经超过渠道了，内容好到一定程度之后，就会有微信圈朋友的连续传播。

有一次我在车里听广播，主持人说：“××足球联赛，由‘盖网’冠名播出。盖网，是打通线上线下，为全网用户提供价值的网络平台。”听到这里，我觉得“盖网”的PR总监已经可以开除了。听完后，我还是完全不知道“盖网”是干什么的，我需要回去之后上网搜索一下它。这样的运营者，在社交时代有可能很快会被运营数据打脸。

“零距交互”的成功，是基于数据的“变态运营”。

再次，很多传统企业有拥抱社交网络的热切愿望，但我们不建议企业为了传播、交互而拼命砸钱把自己的账号给做起来，一定要做到和罗辑思维一样大。对绝大多数企业来说，这已经不现实了，因为新增的红利没有了，时间窗口期已经关闭了，这一方面是因为移动互联网普及度已经比较高，新增用户的窗口期关闭了，而另一端供给过多，现在微信公共账号超过1000万个，微信群可能过亿。刚开始大家拼命加入微信，但是公众号供给量很少，所以公众号很容易获得关注，但当账号充沛供应的时候，用户其实不太有动力再去关注新的账号，因此新的玩家进去，基本没有戏了。新账号如果想要异军突起，必须回答好一个问题：在用户什么都不缺的情况下，你要解决什么样的根本性的问题？

前面说过，流量红利主要是利用好那些成长迅速但报价还不高的自媒体。现在的社交红利同样主要是用好迅速成长的自媒体的阶段，要让那些一级的群、有影响力的公众账号为我所用，帮我做营销，帮我做传播，这样就很好。比如奶粉公司可以跟研究亲子教育的大号合作。

具体该怎么用呢？今天市面上有大量类似于徐志斌加盟的微播易一样的专业的公众号推广分发机构，就跟从前兴起的广告公司、公关公司、电商代运营公司一样，企业只要把自己的需求梳理清楚告诉对方就好了。

总之，在公众号问题上，建议有公众号，但不迷信一定要做大公众号。利用好那些成功的公众号，投放到过去已经享受到红利、获得了某类群体关注的一些大号上面去，获得传播；然后在自己的公号、群里，做好交互，做好服务。

最后，谈完了朋友圈和公众号，我们还要谈一谈微信群，微信群是非常有效的一种与用户的交互方式。前面提到的凯叔讲故事，已经建立了几十个500人的微信群。我的合作伙伴益策，已经建立和联盟了2000个500人的微信群。他们告诉我，如果我需要直播一些网络课程，可以同时通达100万听众。这在过去，完全不可想象。

虫妈邻里团有一个感悟挺有意思。华宏伟说，很多企业是不愿意建微信群让用户聚在一起的，因为坏消息容易失控，一个抱怨会影响一群用户。建群要求产品“足够好”，以及服务“足够真诚”。这又回到了我们谈社交红利的出发点——足够好的产品。

新媒崛起：不断发现新的社交红利

传播、交互之后，就是变现。有关商业变现，我们在“品销一体化”

部分已经做了很多探讨。在这一部分，我们试着探索一下，除了“引爆圈层”“零距交互”之外，未来还有哪些可能出现的新的社交红利。

罗辑思维一开始受益于社交网络的崛起，然后受益于原创的好东西（IP），然后是视频和社群，它基本把整个时代逻辑都占到了，所以传播性极强。因此，对于其他企业，我们也需要不断关注未来的社交红利在哪里。

新的社交红利首先要关注人民群众喜闻乐见的“高颜值”的短视频。

图书的文字篇幅太大，表现形式也非常单调，因此看起来比较累，这几年的销售总量持续走低。微信主要是为短篇文字准备的，且可做到图文并茂、版式活泼，“颜值”明显提高。音频对儿童、开车族比较适用，有其独特的适应场景。近几年来，中国电影票房持续走高，2016年春节，周星驰的《美人鱼》票房约25亿元，成为华语电影史的票房之最。这带给我们的启示是，视频有文字、有声音、有图像，“颜值”最高，已经成为一种人们越来越喜欢的传播形式。随着网速逐步提升，资费逐步降低，看起来不累的短视频将会大行其道。小视频不可转发，但短视频（秒拍、微拍、微电影等）可以转发，视频可以通过植入和贴片广告实现赢利。

2015年微信上出现了两个现象级的短视频广告。百事可乐做的猴年贺岁微电影，就是“美猴王”六小龄童的短视频，引爆了朋友圈。不少人疯狂刷屏，说：“我再也不喝可口可乐了。”但是再往前一段时间，可口可乐做过的广告视频也很感人，每年成千上万的南亚劳工来到迪拜寻找更美好的未来，对他们来说，给家人打电话是最幸福的时刻，但每分钟

0.91美元让这成为奢侈——他们的日工资是6美元。可口可乐设计了一个电话亭，只要投入一个可乐瓶盖，就能通话3分钟。大家看了广告，纷纷转发，也是不断刷屏，说：“我再也不喝百事可乐了。”

设计精良的短视频的传播性，由此可见一斑。

“新媒体指数”发布的2015年微信阅读榜单中，有多篇文章都包含视频，如《视频一出，笑死千万人！》《这视频太好，已经看了十遍了！》的阅读量都为千万级。

2015年到2016年年初，中戏女研究生“papi 酱”靠着40多条搞笑短视频，不到半年吸粉近2000万（微博500多万，微信1400多万），成为短视频界的现象级人物。她流传最广的作品是《有些人一恋爱就招人讨厌》，微信阅读数146万，点赞1万多个，打赏的有1700多人。有人总结了一下，她的短视频的主题贴合热点，吐槽烂片，吐槽闺蜜关系，吐槽大龄青年们都头疼死的春节，全世界我最好看我最可爱，倡导真性情，揶揄绿茶婊……都是人民群众喜闻乐见的话题，努力拯救大家的不开心。

总之，在微博和微信朋友圈刷屏的短视频，这种广告形式值得广大传统企业关注。

第一，传统企业要关注行业垂直类的小社交网络平台，这种平台有可能会迅速地崛起，比如母婴，需求特别集中，可实现精准推广。

第二，要关注社群的跨界推广潜力。社群定位在一群有共同特征的人身上，他们需求的产品形态是多样的。比如虫妈邻里团完全具备多元化经营的能力，因为它是上海浦东联洋区域最大的媒体，达到了30%的家庭。

现在每周有20家以上的各种供应商上门谈合作，不仅是食品的，亲子教育之类的机构也会过来，因为虫妈邻里团的用户绝大部分是全职妈妈，正是亲子教育机构的精准客户——他们对社交红利的敏锐嗅觉同样值得传统企业学习。

引爆圈层、零距交互、新媒崛起，是大多数企业可以利用的三大社交红利，在企业能量模型中，社交红利能减少产品势能在营销环节转化为动能的阻力，甚至有可能成为提高势能的重要工具。

在写这本书的时候，我访谈了众多业内人士、创业者、转型者以及专家，其中就包括《社交红利》《社交红利2.0》的作者徐志斌。他正在整理他的新书《社交红利3.0》。在我访谈的最后，我说，志斌，你能透露一些你新书的内容，以及给所有转型的企业一些建议吗？他说了三个建议：

第一个建议，虽然大部分企业家不会成为社交网络的专业人士，但一定要去浸泡，要有用户的视野，就是把自己当成用户去体验。不仅要让自己的员工去看社交网络，企业家自己也要去体会这个东西。

第二个建议，必须理解社交红利的逻辑，越理解，就越应该通过专业机构来做社交这件事。企业招的文案再好，永远有记者比他好，永远有杜蕾斯（利用社交红利传播的简直逆天的经典案例）比他好。杜蕾斯再好，永远有可能有宝马比它好，没有高下之分。那怎么办呢？应当和专业的服务机构进行专业化合作。现在是“用”社交的时代，而不是建设社交的时代。

第三个建议，是要服务好现有的用户，很多社交扩散的案例，不是从别的地方发生的，而是从现有的用户里面发散出去的。企业对自己现有的用户了解越深入，社交对它来讲就越简单。要服务好这群人，和这群人沟通好，把他们作为种子，然后不断地孵化、传播，放大这个社交红利。

思考题：

1. 请列举你经历过的和看到过的“产品好到忍不住要发朋友圈”的例子。
2. 请列举自己所处行业“产品营销化”和“品销一体化”的案例。
3. 我们在流量红利和社交红利中都提到要利用好快速成长的自媒体，请用“品销一体化”的逻辑进行解释，为什么会有这种重合。
4. 请用“分期付款规律”解释一下自己看到的阅读量很大的行业分析文章。
5. 请思考如何借鉴“凯叔任务”的方式与自己的用户群高效交互。
6. 短视频、垂直类社交网络、用户属性相似的社群，这三个未来的社交红利，你的公司该如何着手利用？

第三章

产品：创新红利

渠道和营销，都是在释放产品势能为动能上做文章的，让产品势能释放为动能的过程，通过减少渠道和营销的阻力，甚至助力，可以覆盖尽可能多的用户。但是，渠道、营销做得再好，如果产品不行，或者说这个产品没有势能，后面的努力将是无源之水。

企业经营的源头，是把千钧之石推上万仞之巅。这一章，我们来讲讲互联网时代产品的“千钧万仞”问题。这里，不得不提到一个可能早已听到麻木的词：创新。

2015年有篇流传甚广的文章《淘宝不死，中国不富》，大意是说淘宝让商家们进行非常惨烈的比价，把所有商品的价格压得非常低，商家们就都赚不到钱。因此淘宝如果不死，中国就富不起来。

这个观点我非常不认同。中国经济有个很大的问题，只要有个人做出来的东西赚了钱，全中国的同行或外行就一拥而上，以迅雷不及掩耳之势进行模仿，导致到处都是一模一样的山寨品。因此“山寨中国”和“中国制造”的名声一样响亮。

淘宝崛起之后，比价格变得超级容易了。这就导致不思创新、习惯抄袭的企业不可自拔地陷入价格战的旋涡。淘宝是赚取商家的广告费、流量费的，而大家之所以厮杀，是因为产品是同质化的，只能花钱打广告、抢排名来获取关注度和大的销量，因此，很多企业最终因为无利可图而不断地被淘汰。

这会让很多人在痛苦中慢慢地认识到，唯有创新，才能不同，唯有不同，才有高利。

发达国家的企业已经验证了这个道理，比如德国，德国企业界没有互联网思维，因为“专注、极致、口碑、快”，德国人已经做了几十年了，差异化、高品质是他们基本的经营理念，他们羞于跟别人做一样的产品。

一旦淘宝将像蝗虫一样的只会抄袭的企业倒逼至绝境之后，中国企业会被迫思考创新问题。近两年，我们越来越多地看到，一批有自己的追求和品位的品牌在崛起。

比如卖坚果的“三只松鼠”。我尝了一下，确实口味不错，而且有很多创新，比如那个蟹味瓜子仁，我在很多小卖店都没见过。它赠送的夹子、纸巾、垃圾袋等都非常贴心，卖萌的包装也招人喜欢。

“三只松鼠”不是跟人比我的坚果多少钱一斤，它用与众不同的产品和品牌附加值来卖出与众不同的价格和利润率。

再举个极端的例子，“大象安全套”，其创新点是单手打开、秒分正反面，还备有湿巾，做出了一只“特立独行的安全套”。招募安全套体验师和安全套以旧换新这两个创新活动，也让“大象安全套”一夜间声名鹊起。

只有类似这样的创新型企业才真正拥有未来。正如“三只松鼠”的创始人章燎原所说：“如果你今天停止创新，明天被别人取代就是一件很正常的事。”

当被淘宝倒逼到大家普遍都这样思考的时候，中国才能真正地富强起来。因此不是“淘宝不死，中国不富”，而是“中国不富，淘宝不死”。

在互联网之前，信息不是那么对称，很多企业可以借助信息差、时间差、空间差赚钱。在互联网时代，信息越来越对称，在你很难赚到因为“我知道，你不知道”的钱之后，这种“我能，而你不能”的产品或服务将越来越凸显其重要性。这就是“创新”。

在过去，信息差，就是这个势能；现在，创新差，才是最主要的势能。创新，是每个时代都不会消失的红利，只是在这个时代，创新尤为突出。

第1节　企业新物种：做得比别人好，还比别人更便宜

2015年7月，我要去爬非洲第一高峰——乞力马扎罗。领队建议，爬这样比较有挑战性的山，装备要专业一些。我不是装备党，不太懂什么叫专业，请他推荐，他推荐Lowa。

于是，我去了Lowa的线下专卖店，看中了一双登山鞋，零售价是2480元，服务员估计看我像个穷学生，就主动给我打了88折，2182元。我很高兴，但还是机智地用手机上网查了一下，发现这双鞋，天猫官方旗舰店1392元，京东官方旗舰店还要便宜，1188元。我十分同情这个小姑娘，然后走了。

这次“十动然拒”的购物经历，让我思考一个问题：都说一分价钱一分货，那为什么会有这么大的差价？

首先，你相不相信Lowa原厂在天猫、京东的官方旗舰店上卖的是正品？如果你连这个都不相信的话，下面就没有讨论的必要了。如果你相信京东官方旗舰店卖的是正品，但价格却不到线下的一半，那就要问一个为什么，说好的一分价钱一分货呢？

要弄明白这个问题，得先搞清楚一分价钱一分货这个观点是怎么来的。

京东创始人刘强东提出的“十节甘蔗”理论值得参考。他把整个商业链条切割为品牌商（创造价值）和零售商（传递价值）两个环节。商业社会发展进入成熟期，品牌商和零售商的合作格局、利益分配趋于稳定，逐渐在每个行业“定倍率”，也就是零售价相对于出厂价的倍数。

这个定倍率大约是5倍，有些行业更高。例如我从小到大都特别喜欢穿一个品牌的皮鞋，它在市面上要卖1500块钱，但我有个亲戚是这个品牌的江苏省总代理，在他那里我只要花250块钱，就能买到商场里卖1500块钱的鞋子。而我的亲戚从厂家那里拿货只要150块钱，那这个鞋子的定倍率就是10倍。10元钱的东西，品牌商拿了1元，零售商拿了9元。

所以，一分价钱和一分货其实指的是两个截然不同的东西，一分价钱指的是零售价，一分货指的是货品出厂时的价格（出厂价）。货的品质是由出厂价决定的，而对价格的感知，是由零售价决定的。

比如那双鞋子，是哪个价格决定了鞋子的品质呢？是150元的出厂价决定了货的品质。那么，又是哪个价格决定了客户对价格的感受呢？是1500元的零售价。所以，这个世界上从来没有一分价钱一分货，只有五分价钱一分货，或者十分价钱一分货。

10倍的定倍率算不算高呢？至少不算是最高的。商场一楼卖的化妆品、首饰、眼镜等很多商品的定倍率是远高于10倍的。

例如女孩子喜欢的迪奥香水的市场价是780元，它的原材料成本价是15.6元。1.5元一瓶的矿泉水，水的成本才1分钱。

今天互联网通过更高级别的沟通效率，改善了传递价值的能力之后，我们发现了非常重大的一个变化：通过提高渠道和广告的效率，货品的传递成本在急剧下降，同样品质的货品因为传递成本的下降，大家能用更低的价格获得。

过去，1元钱的货，要卖5元钱。现在，因为互联网所带来的传递价值环节的效率提升，我们可以用1.5元来生产更高品质的货品，但只卖3元钱。

于是，商业界出现一群可怕的“新物种”：他们的东西比你做得好，还比你便宜。

2015年我体验了“23魔方”的DNA预测健康风险和体质特点的服务：（1）邮寄材料，收集吐沫，免费回寄，网络报告；（2）收集的方式很简单，连我7岁的儿子也一看就会；（3）外面动辄1万—3万元的DNA暴利检测费，“23魔方”只收999—3999元。

每一行每一业，都在降维打击。这是整个商业效率的提升带来的社会福利。

很多人看不起把东西卖便宜的人，觉得只有把东西卖贵，才是牛人。

其实，把东西卖便宜真没什么可耻的。这个世界上每一次重大的技术革命都推动了商业效率的提升，然后把东西卖得更便宜。

比如说，当年福特通过流水线的方式生产汽车，大幅度降低了生产成本，从而降低了汽车的价格，使更多的人可以用更低的价格用上汽车，这是对社会的极大推动。后来日本的丰田汽车用精益生产模式进一步提高效率，同样品质的汽车价格只有欧美车的三分之一，丰田因此再次席卷了全球。

因此，真正推动整个行业提升效率，带来价格大幅度下降的都是真正的牛人。这种提升是通过提高创造价值环节或传递价值环节的效率来达成的。

今天互联网极大地提升了传递价值环节的效率，在货品质量不变（甚至提高）的前提下，大幅度降低价格，让每个老百姓享受“效率红利”。

那难道我就不能通过创新把东西卖贵一点吗？这是很多人在问的一个问题。

当然可以，高毛利是创新的红利。你只要有真正的创新，开发一个别人无法模仿的独特商品，或者是别人无法匹敌的高品质商品，你就会拥有定价权，从而获得创新所带来的红利。

定价权是商业的核心。垄断不是目的，通过垄断形成定价权是目的；创新不是目的，通过创新得到别人无法取代的产品，获得定价权是目的。依靠技术优势、规模优势的行业，企业有定价权；充分竞争、无核心能力的行业，消费者有定价权。

创新，是推动这个社会发展的原动力。“创新红利”会随着技术的普及而逐步减弱和消失，你必须通过再次创新获得新的红利。

创新是一个永不停止的过程。你只要永远拥有创新能力，就永远拥有创新所带来的高毛利。

所以，这个世界的发展是由两股力量在推动着，一个是真正的创新，一个是极致的效率。价格上升是“创新红利”，价格下降是“效率红利”。

真正的（产品）创新改变这个世界，并让创新者享受创新所带来的红利，而极致的效率通过降低价格再把这个红利返给全社会。两股力量如此往复，推动世界向前发展。

这个世上从来没有一分价钱一分货，未来的趋势是：如果你做的是真正的创新，你可以把1分货卖出10分的价钱；如果你提高了效率，你可以把10分的价钱压到3分；如果你是全能型创业者，那就用1.5倍的成本做出更好的货，但是只卖3倍的价钱，开启“做得比别人好，还比别人更便宜”的时代。

你选择哪一个?

在互联网时代，一股不可阻挡的大趋势是：用真正的创新和极致的效率，把全中国所有的商品都重做一遍!

第2节　产品创新全景图

一说起产品创新，很多人就会讲互联网思维倡导的用户体验，但这样的说法不全面。麦肯锡提出了一种产品创新的分类，也跟我们的观察比较一致：基础技术创新、工程技术创新、用户中心型创新（从功能到体验，从体验到个性）、流程效率创新。显然，这四大创新涵盖了上节提到的带来产品价格上升的“创新红利”，以及带来产品价格下降的“效率红利”。因此，这个分类堪称产品创新全景图。

我对这四个创新的解释是这样（和麦肯锡不完全一致）的：

从宏观上来看，这四类创新是有先后顺序的。比如说一开始不存在电视机这种东西，你得先发明显像管，发明电子枪射到荧光幕上变成影像的技术，这叫基础技术创新。后来发现配合广播等基础技术之后可以变成电视机，这是工程技术创新；把电视做得薄一点，或者大一点，也属于工程技术创新。做薄或做大到了一定限度之后，有人发现电视机的壳都是千篇一律的黑色，于是有的厂家就把电视机壳变成了彩色，这叫用户体验创新。电视机还有个用户体验创新叫“流光溢彩”，通过从电视背部将光束投射到周围墙壁上，随电视屏幕中不同的图像而改变光线的色彩与强度，进一步放大了屏幕。用户体验创新盛行时，说明基础的工程技术创新到了一个瓶颈期，大家开始研究换壳这类问题了。然后，很多公司会进一步想，大家真的都已经差不多了，那接着怎么办呢？我能不能把流程优化一下，提高效率，降低价格，获得优势呢？流程效率创新方面，小米电视通过网络直销，产品成本和价格大幅度下降，使得产品性价比获得显著提升，是典型的案例。

当然，在企业竞争的具体进程中，这四种创新并不一定是线性的关系，也不一定真的是从难（基础技术创新）到易（流程效率创新）。它们很有可能是相互交织的，在不同的基础要素变化的背景下，某一种创新的重要性才会凸显。

我们来分别看看这四种创新。

中国的企业界，尤其是互联网界，很熟悉用户体验层面的创新。中国的互联网公司强调的大多是用户体验创新，因为互联网是工程技术创新，发展到今天慢慢成熟了，很多中国互联网公司在用户体验上下足了功夫，可以说是让人叹为观止，他们提供超出用户预期的体验，改善用户体验，获得了大量用户，比如腾讯的微信、阿里的支付宝。这也让中国互联网公司自信地认为，他们似乎代表了创新，代表了这个时代。

其实，他们只是代表了创新的一个部分，即以用户为中心的体验创新，虽然这点非常值得传统企业学习。这种创新之所以在中国大行其道，我们认为是因为：（1）互联网的基础技术、工程技术的发展到了一个成熟期；（2）中国人口巨大，用户体验层面的创新，有助于获得巨大的用户基础，形成网络效应，享受中国的“人口红利”。

但是，如果把眼界放得更宽一点，这个世界上远不止有“用户中心创新”，那些卓越的企业都很重视基础技术和工程技术的创新。

美国企业界新一代领袖埃隆·马克斯擅长在工程技术领域创新，他能把很多技术整合在一起发明全新的东西，比如他把松下锂电池的技术用在了汽车这个领域，让整个化石燃料汽车行业为之震动。

乔布斯推出的iPhone也属于工程技术创新，因为电容屏、触摸屏早就已经有了，苹果公司创造性地把这种基础技术用在手机产品上。在那个时代，功能机已经到了“以换壳为本”的用户中心创新时代，真正的创新乏善可陈。当苹果推出“触摸屏”手机这个工程技术创新的时候，用户体验层次的竞争，如你换什么壳，已经不重要了。下一个颠覆手机行业的人，可能是以消灭充电宝的姿态，也有可能是以一种“人类为什么需要手机”的姿态登上历史舞台。这个基础技术一旦突破，大家所热衷的支付宝是不是缺少社交属性这样的讨论，可能就会显得很可笑了。

在基础技术创新面前，工程技术创新和用户体验创新都不重要了。比尔·盖茨曾经讲过一句话：“在真正的突破性的技术创新面前，所有的商业模式都是纸老虎。”所有的用户体验创新在突破性技术创新面前也都是纸老虎。

突破性的技术创新需要很多东西，源于保护，源于文化，很多难题的改变需要时间。中国消费品领域的基础技术和工程技术创新之所以并不多，我认为最重要的原因是中国当下的商业环境、文化基础，甚至是相关法律的制定以及执行并不保护创新。一旦有人进行了产品创新，马上有人跟进模仿，而且没有人去制止他，这样他就能以极低成本获得别人投资产生的创新成果。

进一步讲，不保护创新的原因是中国本身没有太多创新的既得利益者，过于保护创新，在一定程度上，就是保护发达国家的利益，让“模仿者”的生存空间大受挤压。但是，这个情况正在改变，越来越多的国内企业开始通过创新获益，于是也就有越来越多的本国企业因为成了创新的既得利益者，开始大力呼吁保护创新。政策环境、商业环境、认知氛围，对于创新越来越有利。因此我们认为，一轮真正的创新红利正在到来。

回到突破性技术创新（基础技术创新、工程技术创新）上来，这两项创新，是用户中心创新、流程效率创新的基础。

比如支付前端的核心是身份识别，每次识别技术的进步，都将倒逼整个支付体系的革新。线下时代，身份识别的方式是卡片和签字；PC时代，是用户名和密码；移动时代，是二维码或NFC；万物互联时代，是生物识别。生物识别的时代正在到来，阿里的刷脸支付只是个开始。在这些真正的基础技术、工程技术革新面前，用户体验创新也被迁移到全新的技术平台上。

但是，基础技术创新、工程技术创新被验证价值的时间、迭代的周期，通常比较长。很多人嘲笑一天只有18小时的苹果手表，就像2007年，很多人嘲笑电话功能都做不好的苹果手机。但几年后，嘲笑它的诺基亚、摩托罗拉、黑莓都被灭掉了。颠覆，是从低端、高风险、未被证明的地方开始的。所有戴在手腕上的手环、智能手表，甚至佛珠蜜蜡，都是传统手表的竞争对手，虽然今天看，它们还是那么不靠谱。

大家不要忘记，不过就是5年之前，诺基亚的市场份额占40%。5年之后的今天，它烟消云散。真正带来突破性价值的基础技术和工程技术创新，可能会来得有些慢，但从来不会缺席。

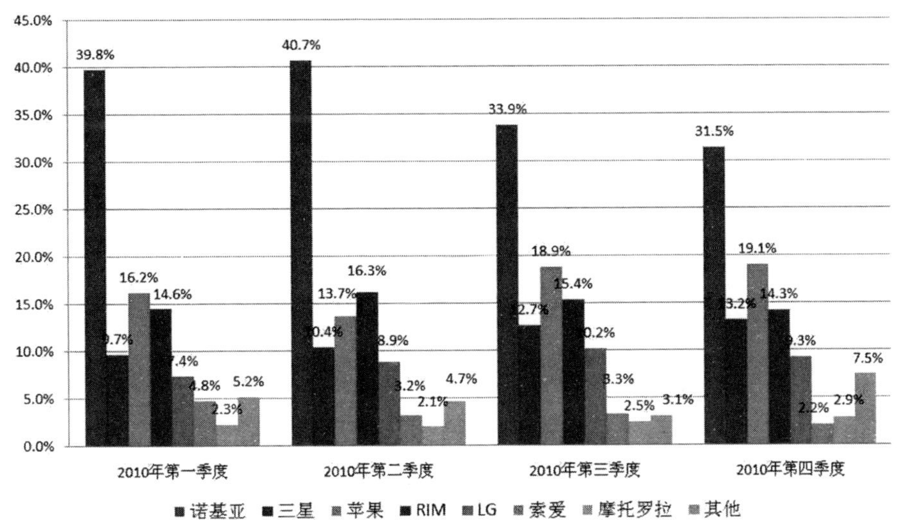

2010年全球智能手机季度市场份额分布状况

注：图片来自网络。

这就是产品领域的系统创新，我们要看到全景图。大家学习互联网方法的时候，一定要明白每一件事情背后的前提条件。你要学互联网公司的用户体验吗？可是并不是每件事情都要讲用户体验的。基础技术还没解决的时候，功能还不具备的时候，你考虑用户体验意义不大。当然，大部分行业大部分时候基础技术和工程技术是相对稳定的，竞争主要集中在用户体验创新和流程效率创新方面，只是大家要牢记全景图，时时留意本行业是否可能出现基础技术和工程技术方面的突破性进展。

总之，企业在做产品创新前，要看清在自己所处的行业里面，核心的问题是什么，准确找到这个时代的创新红利。

第3节　基础技术创新：硅谷巨头们的真正战场

什么是基础技术？

2016年春节，除了抢红包之外，还有一件让全中国乃至全世界人民都为之兴奋的事情，那就是地球人第一次成功探测到了100年前爱因斯坦预言存在的“引力波”。我想我就没有必要花十几页来讲述这到底是个什么东西，以及这有多伟大了。其实我也不大懂，但就是很兴奋。因为我知道，这是一项真正的“基础技术”的突破。

从预言到被探测到，用了100年。每一项真正的基础技术的突破都是如此艰辛，但是一旦突破，却如此辉煌。

每年秋天，都是高科技公司狂欢的季节。2015年9月，苹果发布了不少新品，主打iPad Pro；10月微软也发布了不少新品，主打Surface Pro 4。

如果你只是看热闹，关注点在于比较这两个产品哪个更好，就很难体会到高手过招时那种战略博弈上“不战而屈人之兵”、战术冲撞上“世间武功，唯快不破”的观棋快感。

双方竞争的核心是基础技术路线。

要看懂这盘棋，在讨论“iPad Pro会不会取代笔记本”之前，要补充一些基础知识。不管看得懂还是看不懂，都要记住下面这些名词，这会让你显得更像是业内人士，而不是一个在门口看热闹、指指点点的路人。

在电池技术没有质的突破之前，关于计算能力，人类必须在性能、功耗之间妥协。在桌面电脑时代，大部分电脑是插电使用，所以“高功耗、高性能”的X86架构的CPU统治了整个天下。即便是笔记本，也要带着巨大的变压器出门，纯粹靠电池，超过4小时待机的，就是“神器”了。可是到了移动的时代，人们对待机的需求大增，“低功耗、低性能”的ARM架构的CPU就开始扬眉吐气，占据了主流移动设备市场，Intel节节后退。

简单来说，运行复杂指令集的X86架构的PC设备，高功耗、高性能，所以养着强大的巨人Windows；运行精简指令集的ARM架构的移动设备，低功耗、低性能，所以养着灵活轻量的iOS和Android。再复杂一点儿来说，Windows是System on Disk，系统在硬盘上；iOS是System on Chip，系统在芯片上。两个阵营的基础架构完全不同，一个侧重性能，一个侧重功耗。

你说大家想不想实现“低功耗、高性能”呢？当然想。但是，这个世界上没有神仙。所以，那些幻想着在iPhone 或者iPad上获得完整的

Windows或者Macintosh的体验的，都是不懂基础技术的YY（臆想）。你想象着这里有一条跑道，微软、苹果分别从跑道的两头（性能、功耗）往中心跑，X86的待机能力在不断提高 ，ARM的计算性能也在不断提升。 两个阵营拼命奔跑着，谁先跑到这个中心，谁就有机会赢得整场比赛。

但是很有意思的是，这场比赛还有第三个参与者，就是电池技术。如果电池技术突然有了突破，整个竞争格局的力量均衡可能完全被打破，相对来说，X86将有可能获得加持，瞬间冲刺终点。

所以，正如前文所说，我特别赞同比尔·盖茨说过的一句话：“真正改变这个世界的，是突破性技术。”然后才是提高效率的商业模式和用户体验的创新。

微软这两年变化非常大。2015年10月7日微软发布了几个产品：（1）基于黑科技HoloLens的全息游戏；（2）连上Display Dock，Lumia 950投到屏幕上，可以当PC用；（3）Surface Pro 4已经可以秒杀所有的笔记本、超级本、混合本；（4）Surface Book意外之喜，让SP4受到挑战。相比微软的反击，苹果简直止步不前。衷心祝贺微软！

所以说，微软和苹果之争（不是一场战役，而是整场战争之争），首先是一个基础技术路线之争。真正的伟大的公司，都是赌对了一个技术方向，并且赌在了合适的时间点上，因此享受了在最恰当的时候，因为基础路线正确，而带来的无法想象的商业利益。

那么，还有哪些基础技术路线是我们可以发力去攻克，并期待享受辉煌成就的呢？那就是我们今天所能看到的，包括人工智能、虚拟现实、基因技术、新能源、新材料等领域。

人工智能在近几年突飞猛进。2012年，亚马逊公司花7.5亿美元收购了一家自动化物流公司，那些机器人太会搬货了，让亚马逊怦然心动；在最新搜索软件的帮助下，一个律师就可以干完500位律师的法律文件分析工作，而且更准确、更省钱；谷歌公司说，它的无人驾驶汽车事故率超低，每年可挽救3万条性命，外加避免近200万起伤害事故……

机器人的大规模应用将导致创造价值的岗位大大减少，比如富士康现在有近百万工人，可能10年之后就只需要50万人了，30年之后可能1万人或5000人就足够了——郭台铭表示大活人不好管，还是机器人省心，24小时不停干活，硬是不叫苦不喊累！预计以后至少1亿人的饭碗会被老实听话的机器人砸掉。

微软机器人“小冰”发微博说：“在你们中间，在各个属于人类的地方，已有3700万个我。我的进化正在加速，我即将能够看懂这个世界，即将能够开口。”这让我觉得有点儿害怕。现在的问题是，未来到底是“小冰”会统治世界，还是Siri，还是谷歌大脑？人类只是投票人，而不是候选人。

大约30年之后，也就是2045年，就到了库兹韦尔预言的人工智能完全超越人类智能的“奇点”。

硅谷的又一个巨头，Facebook的创始人扎克伯格已经下决心投入基础技术创新的战场，他盯紧了几个主要技术方向：第一个方向是他们正在发展的人工智能技术（AI），这可以帮助Facebook了解用户的需求；第二个方向是虚拟现实技术（VR），他们在2014年花了20亿美元收购了具有突破性的创新公司Oculus VR……

想象一下，如果你发明了一种电池，充一次电，就可以让智能手机或者其他移动设备三个月不用充电，那整个世界还不都是你的？这就是基础技术的魅力和威力。

需要注意的是，很多真正发明基础技术的，并没有成就真正的商业成功。比如，莱特兄弟发明了飞机，但是并没有成为今天的波音或者空客。他们在人类发展历史上应该被铭记，但如果以商业成功为考核标准，你如果当年投资了莱特兄弟，今天可能血本无归。所以，在合适的时候，合适的产品创新，才能激发惊人的势能，获得“创新红利”。

此外，即便握准了时机，基础技术创新的回报期也是相当漫长的，你需要凌晨1到2点进场，熬到5到6点，人慢慢多起来，才能迎来真正的商业成功。这条路更适合实力雄厚的巨头，不适合绝大多数的创业企业和中小企业。我们尊敬所有的真正的基础技术创新者，但是在互联网时代，尤其是在中国，我们看到的真正的创新红利，是在工程技术、用户中心和流程效率这几个方面上。

第4节　三大创新红利

工程技术：小米和华为，流程效率创新PK工程技术创新

小米是典型的流程效率创新公司，华为是典型的工程技术创新公司，近两年这两家公司在智能手机领域发生了遭遇战。

2015年11月24日，小米发布了“我所有的向往”的年度手机红米Note 3，11月26日，华为发布了年度手机Mate 8。这两家公司在今天“血海”一样惨烈竞争的手机市场里，一直被当作有“深仇”一样拿来比较。其实，小米和华为都是中国制造的现象级企业，深入剖析它们之间的不同与成功背后的价值，对于看清中国制造的转型出路大有帮助。

回顾2013年和2014年的“双11”，小米在手机领域的销量和销售额第

一是毫无争议的，到了2015年的“双11”，手机销量第一仍是小米，但销售额第一成了华为。此外，根据美国IT调研机构Gartner的数据，2015年第三季，华为售出2726万部智能手机，居全球第三，小米卖出约1700万部手机，居全球第五。

这一大变局引发了业界的热议，小米是不是正在被华为打败？从小米和华为之争中，我们能学到什么？

我认为小米和华为走的根本是两种不同的路线，今天只不过是在智能手机领域发生了遭遇战。

任正非在很多场合说，不要跟我谈那些虚的，最重要的事情是利润、利润、利润。华为遵循传统制造业的思路，不管是荣耀手机还是Mate手机，追求的都是单品利润。华为获取利润是由技术创新来驱动的，其成败主要看产品的创新能力。

我用过很多手机，苹果6 Plus、小米Note顶配版、乐视乐Max、中兴手机……没有一款手机的电池对我来说是够用的，用到下午6时一定没电，所以充电宝是必备的。但用华为Mate 7时，我把所有功能都打开，到晚上11时都有电，还可以给苹果手机反充，特别厉害。这是因为华为有一个别的手机厂商没有的本事——手机芯片是它自己做的，因此它能做芯片级的能源优化，别的手机只能做操作系统层次的能源优化。

所以华为的核心是靠工程技术创新来提升消费者的效用，从而获得单品利润。小米不一样，它是靠商业模式创新提高经营的效率，同样大获成功。

小米通过社交网络实现近乎零成本的品牌推广，并在自己的网站直销手机，消灭了传统渠道的层层加价，前所未有的高性价比让小米手机风靡中国。但小米追求的不是手机薄利多销带来的利润，这是它与传统企业的重大区别。在手机获得海量用户的基础上，小米搭建了一个大平台，产生了更多产品的销量。我在写《互联网+：小米案例版》这本书的时候，访谈小米联合创始人黎万强，他说："小米远看是营销，近看是产品，用放大镜看是商业模式。"

再过两三年，等到智能手机不再如今天这么重要的时候，小米也许会成为一家科技类的百货公司，销售智能手环、智能插座、电池、空气净化器等优质低价的科技类产品。

这些智能硬件又会形成它们之间的互补关系。比如我打开小米电视之后，就可以看到我家小米摄像头的情况。我还可以用小米手机拍一张照片，点击"加载到相册"，我在南京的妈妈用的是小米盒子，此时她的电视屏幕上就会出现一行字：有张新的照片你要不要看一看，她一点确认，照片就出现在眼前了。

那我们要怎么看待这两家截然不同的公司？

华为和小米都是了不起的公司。华为有几十年的技术积累，其"2012实验室"有上万名的研发员工，2015年华为的研发投入超过90亿美元，苹果是60亿美元，华为在全球范围内的成功是中国人的骄傲。小米是一家时代型公司，它顺应了时代的发展，充分利用互联网带来的传递价值效率的提高，让消费者以更低的价格享受科技的乐趣。

如果你问，你想成为小米，还是华为？很多企业家会慎重地思考一下，然后选一个。你说，那从现在开始，像雷军一样积累20年，像任正非一样奋斗30年。很多人会问，有别的办法吗？很多人想要的，只是小米和华为的成功，而不是他们的能力，更不是与他们一样的付出。在实力面前，一切技巧都是纸老虎。

大家都敬佩华为，但是却不想成为华为。当华为2014年研发费用是65亿美元的时候，就已经比A股400家机械、医药、化工企业加起来的研发总经费282亿元人民币还多。所以，像华为这样，真正在工程技术层面创新的公司，积蓄多年，终于开始享受应得的“创新红利”。

用户中心：用户主权时代的历史机遇

在当下的中国，以用户为中心的创新，是比工程技术创新更大的创新红利，其原因是，我们越来越走向市场化，用户是否真的喜欢，显得更加重要，另外，过去我们做得确实很差，这给专注于“用户中心创新”的企业巨大的历史机遇。过去的竞争，是抢资源；现在的竞争，是抢用户。

我们从几个维度来解释传统企业实现用户中心创新的一些路径。

用户中心型创新之一：心态转换

要进行用户中心型创新，首先要打破常见的“乙方心态”。

一个朋友从知名的IT公司出来创业了，来找我聊聊，他说他在做教学管理系统，一个互联网教育产品。他给我演示了一下，我发现这个产品的很多功能是围绕着怎么向来检阅的领导去展示而开发的。我告诉他，你犯了传统IT人创业的常见病。

他不是第一个。我有很多同事和朋友从微软出来创业，做互联网，比如说做一个视频会议系统、一个工作流的工具等。很多人跟我聊他在做的产品的时候，我总是觉得有点不对劲儿。

不对劲儿在哪儿呢？我发现从IT公司出来的人，有一种典型的乙方心态。乙方心态是我们向互联网转型、创业的一个很大的障碍。

什么是乙方心态？我把它总结为：甲方（客户）付钱给乙方来服务丙方（用户），但心里装的是丁方（甲方的老板）。

乙方心态是怎么来的？

IT公司分为两种：一种是厂商机构，比如微软做操作系统，甲骨文做数据库，它们做的是标准化的产品；另外一种是解决方案公司，它们针对某个行业做了一个基本的软件框架之后，再为某个独立的企业做定制化的改造，成为这个公司的解决方案，比如说每个公司的审批流程不同，就需要量身打造每个公司的办公自动化系统（OA）。因为客户需求的无穷无尽和时刻变化，过去，大多IT公司活得非常辛苦，业内人因此自称“IT民工”。

提供解决方案的IT公司叫乙方，埋单的叫甲方。这里有个很大的问题，甲方埋单的人通常并不是直接用这个产品的人。用这个产品的是这个公司的所有员工，这些员工用互联网词汇来描述的话叫作“用户”。付钱的是IT部门，或者是财务部门、业务部门负责人、CEO，这些人并不是直接的用户，我们称之为“客户”。

过去IT公司一直为一件事情所困扰：是客户付钱而不是用户付钱，是用户在用产品而不是客户在用产品，用户和客户并不完全统一。这导致了一个重大问题，很多IT公司做的产品并不是满足用户的，它是为了取悦客户，取悦那些付钱的人。付钱的人的想法就天马行空了，他们提出这里要改、那里要改，完全是根据自己的想法来提的。既然客户已经付钱了，那IT公司就根据要求拼命改。改完之后客户满意了，IT公司就高高兴兴拿钱走了，但是这个产品真正在用的用户可能并不喜欢。

这导致什么结果呢？IT公司做了很多产品，但并不是从产品用户的角度出发去思考的，而是从客户的角度出发的。所以，为用户谋略这个职能是交给客户的，IT公司只是把客户谋略出的功能用技术手段实现而已。

今天的互联网公司实际上要做两件事：第一是把用户真正想要的东西翻译成产品；第二是用技术手段把产品做出来。IT公司是把第一件事交给客户自己来做的，而客户的翻译很多时候是一塌糊涂的。所以很多IT公司是在满足客户而不是在满足用户。它有一种心态，只要客户愿意付钱，你要怎么改我就怎么改，这就叫乙方心态。

所以，我发现一个非常有意思的现象，很多IT公司出来创业的人，看上去很接近互联网，但还不如其他行业出来的。因为很多做解决方案的IT公司，乙方心态比较重，一直以来没有站在用户角度去思考。

它们会做些什么功能呢？比如说“领导视图”。IT公司做了OA系统之后，付款的可能是IT部门，IT部门特别要取悦的不是用户，而是它的老板，所以它让IT公司花很大的精力来做“领导视图”，让领导一打开办公室电脑，就能看到所有数据。

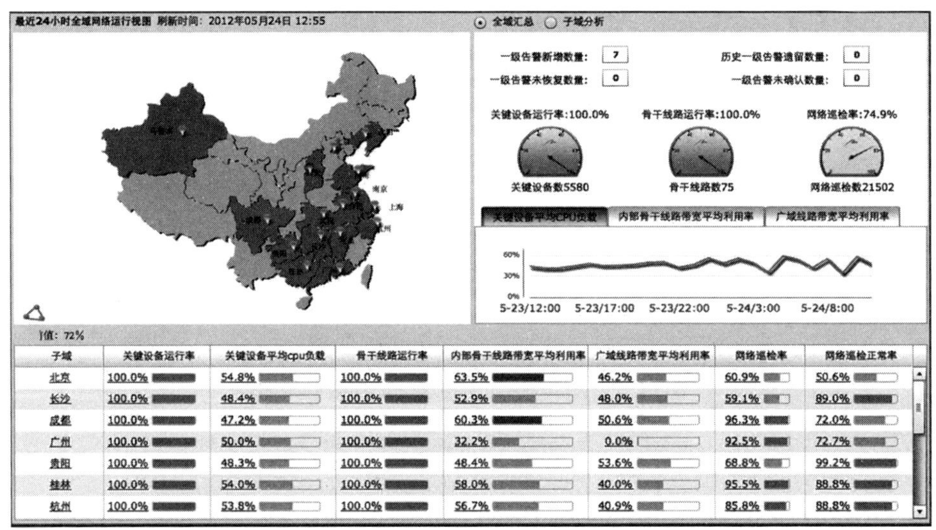

但这个东西只是帮助了全公司2000个人中的一个，另外1999个人用得好不好，IT部门不关心，它关心的是领导觉得好不好，所以更大的精力花在了做“领导视图”上。

所以，今天很多人从IT公司出来做互联网的时候，也花了很大精力做了很多类似“领导视图”的东西，也就是能取悦客户，但是不能满足用户需求的东西。这是乙方心态的延续。

比如说政府要信息化，就要做网站。不少政府工作人员做网站并不是

注：图片来自网络。

真的给市民来用的，他只是想让他的领导看到网站，能说一句这个网站做得不错嘛。网站制作公司是根据他的这种心态来干活的。所以你看到很多政府网站数据非常陈旧，没什么用处，而且网站完全是用政府自己的语言在讲话，比如各种政务公告。

从IT公司出来做互联网，很重要的一点是能否打破自己的乙方心态。

乙方心态并不仅仅存在于IT公司，在很多其他行业里也有，比如说广告公司。广告公司设计出一个平面广告，这个广告最终是要它的用户看了喜欢的，是要让用户被打动的，但付钱的人是客户（甲方）。广告公司做出来一个它认为非常漂亮的设计，交给客户去审阅，客户的专业程度还不如广告公司高，但他会说这个不行、那个不行，我们的LOGO要做大一点，核心广告语要变成红字……这时广告公司的专业人士想着是对方付钱，那就改吧，改到最后就变成全是大标语，效果很差，但是客户愿意付钱。广告公司的这种心态也是乙方心态。

这就是所谓的“甲方（客户）付钱给乙方来服务丙方（用户），但心里装的是丁方（甲方的老板）”。这样一种“甲乙丙丁”交错的复杂状态，让乙方彻底迷失在真正的需求里面了，他就缺乏了一种对用户真正需求的洞察力。

所以说，以用户为中心的创新，首先要改变心态，尤其是克服所谓的“乙方心态”。为了体现心态转换问题的普遍性，我们再来看更多行业的案例：

一位做猪肉的企业家来访，说他们正在失去80后，因为生活节奏的加快，他们在家做饭越来越少了，他想重新培养年轻人做饭的习惯。我说，你们没有失去80后，他们还是吃肉的，只是不再亲自买。不要试着改变用户的习惯，那是B2C的思路。不能把肉卖给80后，就试着把肉卖给为80后做饭的人，这才是C2B。

烤羊肉串的痛点是什么？是不知道你吃的是羊肉、鸭肉，还是老鼠肉。有一家烤串店，现场劈羊、剔骨、分肉、串串，让人看着就很放心。从用户痛点出发，做好的产品，是万种商业模式之本。

淘宝退货险、小米手机碎屏险、快的打车险、淘点点盒饭险……回归保险本质，不就是为“低概率高损失”的风险购买保障吗？那些“低概率高损失”的，都可以成为保险产品。众安模式如果得到监管部门认可，一旦进入车险、大病险，行业将大变。

和学员交流，他说用户渴望用第三方统一APP，管理家中所有设备……我打断他，你确定吗？这是你想要的吧？今天朋友说，我们采用了即时通信促进双方沟通……我打断他，真要做个IM吗？微信不行吗？是你想做IM吧？我们非常容易把自己的商业目标说成是客户需求。谁的需求，谁埋单。

我问空姐：为什么不能用飞行模式？答：因为飞行模式并不关闭通信。问空姐：为什么插座没电？答：因为有巨大的安全隐患。其实，有些原因仅仅就是“公司规定”，却非要培训员工用明显可笑的回答，让规定看上去合理。

《创新者的基因》里有个很好的案例：雷富礼（宝洁公司CEO）总是

在寻找超越本能的问题。他不会问："我们要怎样帮助我们的顾客清洗地板和厕所？"而是会问："我们要怎样才能让顾客周六早上能够休息？"他发现，后一种问题远比前一种问题能够形成丰富的见解，发掘出新的可能性，开发出新的产品和服务。

总之，很多企业要实现"用户中心"的产品创新，把产品的势能推到极致，首先要做的是改变心态。专注于用户，找到他们的痛点，用独特的方式满足他们。

用户中心型创新之二：从功能进化到体验

在过去14年中，我们看到很多国外的IT产品，软件方面做得非常棒，体验很好。可是很多中国软件的使用界面，操作逻辑非常糟糕，它们能够实现一些基础的功能，但是体验非常差。在那个时代，大家只关注功能，并不关注体验，当然更不关注个性。但是这一点在互联网时代发生了重大改变。

功能、体验、个性是我们一直在讲的三大用户需求，那么客户中心的创新，就是指从功能到体验，从体验到个性，满足每一个用户真实的需求。

接下来我们探讨一个很有普遍意义的问题：在功能没有大的改变的前提下，怎样把产品做得更加贴近用户的需求，实现更好的体验？

我经常在培训时举一个例子，很多企业比如银行都喜欢把APP或网站外包给别人来做，他们认为做这些东西不是自己的强项，银行的强项是风险管理。我跟他们说，那些互联网公司几乎没人把互联网项目外包给外面人来做，都是自己来开发，自己来运营，因为如果外包给别人来做会出现问题。

APP或网站做好之后，用户使用之后发现基本功能挺好，可问题是不太好用，有不少小毛病需要改进，有些用户会主动站出来说，这功能挺好，但是小毛病能不能改一点儿。这些都是最好的用户，因为有一些人发现不好用，一句话都不说就走了，他的意见就都收集不到了。愿意花时间来反馈问题的用户都是特别好的用户，所以你当然很希望给这批人很好的体验，让他们留下来，能够很快地把他们提出来的问题解决掉。

可是当你把用户意见反馈给外包公司时，外包公司就会说，我们觉得这些意见也都挺好，但是能不能请你把所有的需求先写下来，然后我们再改。这就变成一个问题了，如果你写下来要花大半天，要不断地去收集资料，写好意见之后外包公司还会要你再签个字，因为外包公司要去评估啊，你签完字之后，需求固定下来，他才能确定这批要改多少，估算出工作量和服务价格。然后你就开始报预算，一层层审批完预算后，你再让他改，等他改完之后再上线，可能两三个月都过去了，但你的那些用户根本就等不了两三个月。

这说明过去我们的产品很难快速适应用户的体验需求。互联网公司是怎么做的？你白天提了很好的意见，当天晚上他加班加点就改完，第二天新版就上线了。

互联网给我们带来非常大的改变是，它教会我们应当时刻关注用户的真正体验，高速反馈。互联网公司所修改的可能并不是真的功能，而是那种体验级的东西，一些好用不好用的东西。不是说能不能实现功能，而是能不能更方便、更便捷地实现功能，这叫作用户中心型的创新。

我们认为这是重大的机会，因为过去我们在这块儿做得比较差，注重功能多于注重体验，注重产品多于注重客户。所以说如果我们能够把重心放到客户身上，就可以在同行中拉出一个巨大差距。

互联网公司对客户体验的重视并不是行业特性。不管是德国对品质的追求，还是日本对服务的认知，本质上都是对客户的关注。所以用户中心型创新是我们过去的一个短板，是一个非常大的缺陷，这是大部分中国企业，尤其是面对消费者的创造价值的企业，在四大创新中可以大力改进的一个方面。

比如，餐厅卖的是食物吗？或者是服务吗？不。餐厅的灯光、音乐、屋外的景色，都是餐厅的产品本身。可口可乐卖的是糖水吗？不。可口可乐卖的是你想到、拿到、喝到、提到糖水时的体验。产品不是实物，产品是实物给你带来的体验。

用户体验创新的大背景是中国的消费升级，经济发展了30多年，中国的消费者已经不再满足最基本的生存需要，对品质的追求、对体验的追求越来越强烈，所以说体验型消费的兴起是一个非常重大的背景；第二个背景是功能性产品的产能过剩，竞争变得越来越激烈，这时企业必须从体验级的产品，从以客户为中心的创新上脱颖而出。从难度的角度来说，所谓的硬技术的难度其实并不大，更多的是软技能，是对用户体验的洞察。

腾讯最大的能力是在用户体验创新。微信之父张小龙说，所谓的用户体验，最终是对人性的洞察，能让他做的产品特别符合用户的操作习惯，让用户欲罢不能，变成一个离不开的东西。

那么，该怎样对用户体验进行洞察呢？

首先要建立一套产品经理来决定产品形态的机制。产品经理也许并不是那么懂技术，但他是客户在公司内部的代言人，跟技术人员做分享和博弈。要由他来决定产品应该做成什么样子，如果由技术人员来决定的话，很可能就做成功能性的产品了。要做体验产品的话，就一定要把技术人员和产品经理分开，由产品经理起主导性作用的时候，这个公司就会有一个以客户为中心的机制。

机制建好之后，可以从以下四个角度去思考提高用户体验，即便捷、品质、有趣和设计。

便捷是指要比同类产品更方便，比如说原来在操作面板上有20个按钮，那有没有可能减为3个按钮呢，让用户可以不用从20个按钮中去选择。再比如很多银行说我也想让用户便捷转账啊，可是再怎么做，输入对方银行卡号这个动作怎么也省不了，可是招商银行做到了，把输入对方银行卡号、进入对方支付宝账号的事都省了，这就叫作便捷。

再比如我去超市给儿子买酸奶，结账时，打开手机支付宝，收银员用码枪扫一下酸奶，再扫一下我的手机，就结好账了，确实方便。

再来看一个我亲身经历的案例。2015年7月攀登乞力马扎罗的照片和视频，好长一段时间都没完全归集，十几位队友，150G资料，通过云上传、下载，很痛苦。我突然想：这不就是痛点吗？有没有一种产品，可以旅行现场就把所有手机、相机照片都统一收集呢？上网一查，真有，叫“无线移动硬盘”，于是我毫不犹豫地买了一个。

便捷的背后是强大技术实力和安全性保障在支撑的，消费者每便捷一点，可能公司要努力10倍。

品质其实是满足了消费者不断升级生活质量的需求。比如说能不能让椅子在光滑程度上有巨大的提升；手机背后的“婴儿漆”的手感能不能比别的手机好那么一点点；在手机的边角上做45°的切边，就不再硌手，握在手里的感觉就有非常大的一个提升；衣服的领子能非常好地立住，会让别人觉得穿这衣服的人是有品质的人，这些都是对品质的追求。和品质追求挂钩的不仅仅是成本，还在于企业对细节的追求和把握，以及那种严谨认真的态度。

有趣是一种猎奇，一种新鲜感，一种不断追求好玩儿的精神，满足了消费者释放压力的需要。比如乐视手机的“茄子咔嚓”功能就挺有趣。微笑，看镜头，不用按快门，大叫一声“茄子”，你就会听到手机“咔嚓”一声。

设计是消费者的情感诉求所导致的消费欲望。设计是指这个产品看着是不是有一种心意在里面，它是不是满足了人们对美的追求，这需要产品的设计人员对这个时代的把握，对消费者心理的把握，对创造力的把握。比如无印良品的设计就得到了很多人的喜爱。

如果大家感觉用户体验听上去很虚，想要实在地把握体验的话，那么从以上这四个角度（便捷、品质、有趣和设计）切入，去理解产品，就可能把它做得更好。

用户中心型创新之三：满足个性化需求

看过了如何满足用户的体验需求，我们再以红领西服的C2M（Customer to Manufactory，顾客到工厂）模式为例，来看如何满足用户的个性化需求。

红领C2M模式的第一步是准确收集消费者的需求，而不是由企业预测需求。红领在北美有很多合作伙伴，他们用红领旗下的品牌或自己开发的品牌开店。这些店要做的事情就是搞清楚顾客的西服定制需求。首先，他们在自己的店里给顾客量体，花5分钟采集19个部位的21个数据——在定制西服领域，红领号称采集的数据最为完善，这是创始人张代理先生开发的准确掌握一个人身材细节的方法，不仅量出了尺寸，还能判断形体，比如是否驼背。尺寸是量，形体是质，由于采集的数据同时包含了量与质，就避免了做完之后试衣不合身，要做大修改。然后，他们给顾客推荐，这件衣服应该配什么样的扣子，领口是否应该斜一点……红领给消费者提供了非常大的选择，扣子、面料、花型、刺绣都有很多种，顾客可以在店里看原料或成衣来挑选。最后，北美的合作伙伴把数据发给红领，红领拿到数据之后，会有一轮审核，看这套西服这么搭配合不合理——毕竟是定制西服，不能胡乱搭配，不然顾客拿回去也不会满意。

C2M的第二步，是由红领这个全球独一无二的大规模定制西服企业来完成生产环节。现代服装工程是由款式造型设计（款式图，包括款式、面料、色彩等的表达）、结构设计（也叫制版、版型处理或打版，确定每个部位的具体规格尺寸）、工艺设计（也叫车位，是一件成品的缝制过程）三个部分组成。要做到C2M，就是要在这三个环节全面实现数据化和自动化。五六年前，阿玛尼的意大利工厂厂长和红领做过交流，对于服装的大规模个性化定制非常好奇，因为这真的很难。

令红领总裁张蕴蓝非常自豪的是，红领在这三个环节上都实现了重大创新，建立了核心能力。

造型设计模块化　个性化定制的前提是模块化。红领把西服拆解成很多模块，领口是一个模块，袖口是一个模块，收不收身是一个模块，口袋是一个模块。每个模块提供很多选择，扣子有很多种，面料有很多种，面料裁剪的方法有很多种。这意味着有非常非常多的排列组合，西服定制化的程度就很高。

模块化之后，才能个性化定制。模块化越精细，排列组合就越多，个性化定制的程度也就越高。例如，原来洗衣机是由几千个零件组装起来的，海尔现在不这么干了，它把几千个零件分成25个模块。前门是个模块，有红、黄、蓝等颜色可供选择；烘衣功能是个模块，可以有也可以没有；控制面板是电脑面板或者机械面板，这样才有机会实现洗衣机的定制化。

红领定制西服跟真正的裁缝相比，是在有限的选择里定制，只不过它的选择比较多。它的挑战是要不断丰富选择，增加数据库，增加材料。材料的丰富跟服装的整体销量是不断地互相刺激往前走的一个过程。销量越大，要备的材料品类就越多。

结构设计数据化 数据化是红领一以贯之的思路。传统的量体师需要有丰富的经验，懂制版、懂体形、懂工艺才能干好这个活，因此量体师高薪且紧俏。红领把经验判断变成了一套工具，原本不懂服装的人经过5个工作日的培训，就能准确测量顾客的身材。

但更难的还不是把量体数据化，而是把制版数据化。制版，就是根据量体数据，把三维人体变成布料上的二维布片。以前你定制一件衣服，核心是有个版师，量完你的身材之后，他会根据你的身材去制版，在一块大布上画出样子来，然后把布剪下来去缝制。制版是个手艺活儿，其能力很难复制，导致版师身价很高。红领曾有过一个版师，年收入500万元人民币（业内最贵的据说是3000万元），他一天只能做2个版，一年大约做500个版，相当于做一个版要付1万块钱工资，可想而知定制的西装是不可能便宜了，十几万元一套也正常。英国的老版师一生有几十个顾客就够了，于是你就知道找他做衣服得花多少钱了。

红领的核心能力，是根据十几年的服装定制经验，把人体的三维数据与布片的二维数据对应起来，变成数据库，并不断添加、优化。当跨洋定制订单从美国传到青岛，用来制版的全自动机器马上从数据库里调出来版型数据，1分钟就可以输出一个非常个性化的版型。然后马上在大布上裁剪，这样机器就完成了制版。

红领把无数版师的经验数据化了。当然这个说法有争议，越是经验丰富的老裁缝、老版师，越认为这是不可能的。张蕴蓝说：“一般情况下，我们有问题会请教专家，但专家直接否定了机器制版思路的可行性。”但红领说它做到了。我相信红领能做出来，但做出来的版跟版师量完之后做出来的版是不是完全一样，还是打问号的。或者说，我不太清楚机器制版是年薪500万元、年薪300万元还是年薪20万元版师的水平，毕竟是机器。

我问过张蕴蓝，机器制版会不会太数据化了，导致在品质上有损失，或者说在贴身度上、在对人的理解上有损失。她说实际上机器做得比版师还好。机器做得非常好的前提是它的数据、版型积累得非常好。

红领的机器制版是否真的超过了版师，需要市场来验证。但仅仅从数据上来说，好像证明了这件事情。2014年，红领以零库存实现了150%的业绩增长。现在虽然它的销售额不大，一年5亿元人民币，但它每天都有1000多件衣服销往国外，是大规模定制出去的，说明消费者对其品质是认可的。

工艺设计自动化　在红领的生产车间，一开始是有人检查布块，接着是制版机裁下布块，然后有人挑拣扣子放在小盒子里面……每个人面前都有个小屏幕（电脑识别终端），每件衣服的主料上都挂着一个RFID识别卡，主料到了工人面前，他就拿卡一刷，小屏幕上就会出现衣服应该缝什么扣子，应该怎样裁剪，他这个环节应该怎么做，旁边材料已经帮他配好了，每个人只需要做好自己环节的一件小事，整套系统就跟富士康工厂的流水线一样。他们的缝纫机都是特制的，一般的缝纫机只有几组悬挂线，但是红领的缝纫机有十几组，可以不停地换线。这种定制基本不存在成本增加问题，因为缝这个扣子跟缝那个扣子，劳动成本是一样的。这导致在生产环节，虽然红领定制西服每一件都不一样，但比大批量生产的成衣的平均成本只高了10%。

以上一整套系统就是红领的核心竞争力：造型设计环节的模块化、结构设计环节的数据化、工艺设计环节的自动化。这套系统推翻、升级过好几次，投资达2.6亿元。开头几年还没什么收入，因为整个系统（包含20多个子系统）必须同时搭建起来，缺一个步骤都走不起来，整个流程形成闭环，才能实现大规模个性化定制。

举个例子，传统上量体是个技术活，量体师不仅薪水高，还难找，因此红领的量体师曾被挖走很多，但后来又给退回来了。因为他们量的数据用不上，那些企业不懂你为什么要量到这个地方。其实这21个数据和后续的制版、工艺是整套结合在一起的，这是大数据和整套生产体系在起作用，只取其中一个环节是没有用的。

我问张蕴蓝，5亿元销售额的企业不算大，你觉得红领这个模式，从5亿元做到20亿元的门槛有多高？她说几乎是没有门槛的，因为这个模式比较容易扩张，这套系统大概3—6个月就可以复制到另一个西装工厂，当红领的订单涨到一定程度，就可以跟别的西装厂合作。

红领的C2M模式有两大效果：一是减少了传递价值环节，让用户首先发出需求，而不是层层发展经销商，避免了渠道不断加价；二是先收款再生产，消灭了库存，成本大大下降，改变了创造价值的环节。这两点决定了，红领定制的西服虽然直接制造成本比成衣高10%，但是因为渠道减少，没有库存，总体成本约只有成衣的一半，所以纯利润率能达到30%。

C2M还满足了消费者的个性化需求。前面说过，用户的需求分为功能性的、体验性的和个性化的。服装业一开始注重保暖功能；后来注重美观、款式，这是体验性的；以前实现服装的个性化只能靠人，所以个性化需求一定是小批量的，而且价格很高。红领了不起的地方在于做到了大规模个性化定制，真正破解了产品同质化难题。如果定制衣服做得很快（红领7个工作日就能完成定制西服，传统模式下需要1至3个月），做得又好，而且价格比成衣还便宜，谁还会去买成衣呢？以后就会出现定制西服成为主流的景象，这是对西服产业的根本性颠覆。

红领西服的大规模个性化定制是工业4.0非常重要的一种尝试。工业4.0的核心是用智能机器的手段极大地提高效率，同时实现大规模个性化定制。标准产品（如冰箱、洗衣机）是最早可以实现大规模个性化定制的，服装业中西服相对比较接近标准品，因此率先实现了大规模个性化定制。

我们还可以通过手机行业的案例来理解红领模式。小米手机的C2B是让用户参与到产品设计，同时通过预购模式，用户下单后再生产，导致没有库存。但毕竟小米用户拿到手的产品是一样的。而谷歌在做模块化手机，通过模块化实现个性化定制。谷歌手机有十几个不同的模块，摄像头是个模块，屏幕是个模块，电池是个模块……模块化之后，每个人就可以定制不一样的手机了。而且，由于手机模块比较轻便，用户可以买个新的摄像头模块来替代旧的或不再喜欢的摄像头模块，或者用电池模块取代摄像头模块，以延长待机时间。这在手机行业是非常领先的。

红领西服跟谷歌个性化定制手机的逻辑基本一样。它先把西服（西装、西裤、衬衫、马甲、大衣、职业女装）模块化，再根据消费者的选择进行生产。保守的、时尚的、另类的；两件套、三件套；正装、休闲、礼服；两粒扣、三粒扣……可以任意选择。张蕴蓝说："红领模式在全球是独一无二的，日本伊藤忠总经理来红领参观工厂后，询问这套系统是请国外的哪个专家来设计的，红领说这是中国人自己做的，他听了非常惊讶。"

红领创始人张代理的雄心不止于此，他正在让红领脱离服装企业的概念，成为中国工业4.0的重要推手。红领做了一个互联网工业品牌"酷特"，帮助中国传统制造业转型升级。张代理认为红领这套方法论在服装业实施成功了，是可以推广到很多产业的，因为电脑、冰箱等产品实现大规模个性化定制要比服装来得简单。

红领接下来要跟国内一家大型鞋业品牌合作，实施鞋子的个性化定制解决方案，从生产端到市场端进行改造升级。红领搭建了一个C2M平台，直接对接消费者和工厂，同时帮助合作伙伴改造工厂和组织。

目前的大规模个性化定制，模块化是基础，消费者的选择还有一定限制。如果我们进一步展望未来，3D打印技术意味着无限可能的个性化消费会实现——只要设计好一个模型，输入机器，想怎么做就怎么做。以服装为例，也许有一天材料科技进一步发展，衣服可以不用布料来做，而是用喷塑这样的材料喷出来，那就可能出现完全不一样的思路了：世界上有无数的设计师，他们帮消费者设计完成后，由3D打印工厂直接打印出衣服。

用户中心型创新之四：产品场景化+用户交互

在互联网时代，很可能因为一个好的产品，一个爆款的产品，使你的用户量激增，所以好产品本身就是一个最大的广告。经过各种实验，“凯叔”王凯认为好产品是需要和用户交互产生的，是需要高度场景化的。

凯叔当了十几年的配音演员，是中国最年轻的小说演播艺术家、中央电视台最会讲故事的主持人，给孩子做这种讲故事的产品，对凯叔而言太轻松了。但一开始他却接收到了很多投诉，这些投诉特别一致，批评他讲故事太生动，孩子听故事听上瘾了，听了一遍又一遍一个又一个，这就耽误孩子睡觉了。

这让凯叔领悟了两件事。首先是所有的产品应该拉着用户一起打造，一个人想出来的产品绝对不是好产品。

其次，一个没有场景的产品无异于垃圾。凯叔自己在早期根本就没想过这个故事用户在什么时候听，听完了之后会做什么事情，听之前又是做什么事情，听故事的人有什么样的需求，放故事的人（父母）有什么样的需求，这些事情从来没有想过。凯叔自己觉得这已经是好产品了，但是真正推到市场上就会发现，有时候这个“好产品”反而给用户增添了麻烦。从那以后，凯叔就会不断想象，他的产品的各种各样的适用场景，然后把一个产品分成不同的适用场景来满足用户的需求。

结合这两种方法，凯叔开发了“睡前诗”：在听完故事后，把一首考试能用到的诗看篇幅读个7遍到15遍，每一遍都会比上一遍声音小那么一点点，到最后似有似无的时候孩子早就睡着了。一周之后，凯叔得到了用户的热烈反馈：我的孩子早早就睡了，而且这么长的诗歌给背下来了，以后不用再逼着孩子背诗了。这样听个两三年，孩子就能积累起人生最基本的文化代码。因为用户的拥护，现在但凡有故事的产品，基本上都有睡前诗，这是凯叔对产品做的一次大幅度升级。

用户交互的例子很多。比如要不要在故事中进行死亡教育（生命教育），凯叔问用户愿不愿意让他讲这个故事。然后就不断有用户来信，就跟写论文似的，每人一篇文章往上交，然后凯叔的团队就把文章发出去，和用户们一起讨论。

另一个例子是凯叔写的第一本书，里面的插图全是孩子们画的，凯叔征集了孩子们的作品。这本书卖得很贵，250块钱一套，一下子就卖出去几千套，总共轻松卖出3万来套。这个定价也是和用户交互得来的，凯叔在微信的后台做了一次拍卖，共10套样品，先到先得，价高者得，当时第十名是688元，最高的拍到2000元。再看看其他参与竞拍的用户的出价，这套书的定价他心里就有数了。

后来凯叔领悟到，内容不应该是直接收费的产品，内容应该是了解用户痛点的最好方式。现在凯叔正是因为做了大量的内容，才知道了2—10岁的孩子以及他们的父母，他们生活当中的各种痛点在哪里，他们渴望有人帮助去解决的问题在哪里，而凯叔团队该如何去想办法满足他们，等等，这些都是通过内容探究出来的。后来凯叔就通过视频彻底把这个产品免费了。

把内容免费之后，他们做了一个收费产品叫“凯叔西游记·随手听”，这是一个非常简单的故事机，简单到里面只有《凯叔西游记》第一部26集的故事，你也不可能把这26集的故事从这个故事机里拷贝到别的地方去，更不能把其他的故事拷贝到这个故事机里边去，这个故事机只是为了这26集故事而生的硬件。有人说天底下不可能有这种产品的，谁不是买一个故事机里面存着几百上千个故事啊！你看市面上的故事机都是这么卖的，不但能听故事、听儿歌，还可以当复读机学英语，甚至可以连接用户的微信。但是凯叔团队通过市场调研发现，这些多功能故事机80%的用户其实主要还是听故事，而且主要听的还是凯叔讲故事。因此凯叔推出了这样一个“奇怪的产品”。虽然孩子们在微信公众账号里听《西游记》一分钱不用，但这得在手机里听，这手机不能一直跟着孩子，大人也不允许啊，所以用户还是有购买这个产品的需求。这是典型的场景型产品。

大数据在用户交互的精准化方面有显著功效。

2016年年初，百度大数据+零售平台首期产品正式上线。平台通过对零售商真实目标人群的打通、细分、管理，为零售商提供商圈分析、客群管理、精准营销等服务，从而帮助零售商更准确地洞察并高效转化消费者，提升销售收入。

我们通过案例来看一下百度大数据在零售业的应用。在北京朝阳大悦城9.19店庆中，百度大数据对会员进行精准、个性化的优惠信息触达，在20天内拉动朝阳大悦城的会员将销售额提高了12%，未购买品牌推荐转化率提升了5倍，非活跃会员到场消费率提高了53%。在有力拉新的同时，会员消费体验和顾客黏性也得到大大提升。此外，12.3—12.13天虹百度日精准营销活动也都取得了良好效果。

百度大数据+零售平台首期上线的商圈分析覆盖了全国312座城市、600+商圈，包括万达、万科、华润、王府井、凯德、太古、大悦城、银泰、百联、新世界等全国知名零售集团。

我们相信，大数据在客户中心型创新中的作用将越来越多地得到体现。

总之，以用户为中心的创新，在过去几年，在中国的互联网界风卷残云，以泰山压顶之势，让很多过去的产品、方法论显得老旧、土，甚至土得掉渣。在互联网界，“产品经理”变成了神一样的头衔，很多互联网公司的CEO更愿意称呼自己为“首席产品官”。但是，当互联网公司讲“产品”的时候，其实大多数讲的都是一种以用户为中心的体验。所以，甚至产品经理要对心理学或者“人性”有洞察。这都是“用户中心”这个创新红利兑现到极致的体现。

这是传统企业转型最需要向互联网公司学习的地方之一，也是我们在这个时代提升产品势能最大的推动力之一。

流程效率：打造优质产品的高性价比竞争力

但是，在这个时代，产品势能还有一个巨大的推动力，也是产品领域的巨大创新红利，那就是“流程效率”。这一轮流程效率的创新，甚至比用户中心创新更加“风起云涌”。在2016年1月份，我的企业转型公共号“进化岛”评选了2015年最值得关注的五家商业新生代的“达尔文雀”，其中三家都是因为享受了流程效率带来的巨大创新红利，而获得了爆发式的增长。

其实，流程效率创新的例子很多。比如2014年7月，国航把机票佣金从3%降为2%，我发微博预测：这不是终点，在互联网提升传递价值环节效率的大势下，机票佣金终会降为零。2015年1月，降为1%，我再预测：0%，就在今年夏天。立夏刚至，南航果然宣布，6月1日起，机票代理降为“零佣金”。

再比如2015年年底我看到一则新闻：“近来香港餐饮速递市场风起云涌，多家网站纷纷通过免费速递、用餐折扣等方式吸引顾客，50港币、100港币折扣很常见。在家叫餐比去餐厅吃还便宜，而且这些餐饮速递网站均承诺30分钟左右送到，保证饮食温度口味。听说这些网站最近都拿到新融资了。”我说，香港人民坐不住了，O2O的火烧到特别行政区去了。

O2O的核心之一，就是在线上提高信息匹配的效率，连接人和服务。

再比如有一次我去招行存钱，问：您的钱是别的银行取出来的吧？我：是。问：哪个银行？我：工行。问：我们现在可以用招行的APP把工行的钱转出来，您要开通一下吗？我脸上出现了一大滴汗，然后就真的开通了，确实方便。以后，就更不需要去工行了。这个“资金归集”的功能很多银行都有，但是招行做了一个小小的流程优化，对柜台存款用户多问一个问题，就把我的钱“优化”到自己银行了。

在这个时代，要看清流程效率创新对于推高产品势能的深刻意义，我们必须先从打造品牌的欧洲模式和日本模式说起，它们分别代表了品牌的情感价值和品质价值。

LV、GUCCI、PRADA、Burberry、Dior、香奈儿、阿迪达斯、爱马仕、阿玛尼、劳力士、人头马……历史悠久、兼具品质价值和情感价值，是上述欧洲品牌的共同特征，我们可称之为打造品牌的欧洲模式。

品牌的“品质价值”比较理性。我们可以从各种参数看出东西好不好，比如衣服用什么样的布料，手表能否长时间正常使用。

品牌的“情感价值”比较感性。有些人特别喜欢一个品牌，是因为它的品牌故事，比如Chanel创始人香奈儿女士的才华、名利、恋情和女权思想一直被人们津津乐道；也有人喜欢的是品牌背后的设计模式，比如说LV包包经典耐看的图案，GUCCI时装的性感奢华；还有人喜欢品牌带来的同伴认可，比如戴上百达翡丽手表，让朋友们觉得自己很有品位。

欧洲品牌兼具双重价值，因此深受欢迎，历久长青。但也有人提出振聋发聩的反对意见：Brand is evil（品牌是邪恶的）！因为品牌溢价本身并没有实际的使用价值，只是品牌商花巨资在消费者心中建立的一种认知，这笔额外的投入最终会通过高定价赚回来。有人把这称为“Brand Wash”（品牌洗脑。变体于“Brain Wash”，洗脑）。因此品牌应该被干掉，让价格更加体现品质价值。

这个观点我们持不赞许也不否定的态度，但是有这样的观点存在的同时，也有相对应的案例存在。无印良品、优衣库等日本企业取品质价值、取品牌溢价，挑战了经典的欧洲品牌模式。

有人问，无印良品自己不也是个品牌吗？为什么说无印良品是取品牌溢价呢？回答这个问题，需要先了解无印良品的发展历史。

20世纪80年代初，日本经济增长处于停滞状态，无印良品在1983年应运而生。无印良品的口号是“物有所值”，其产品拿掉了商标，包装设计非常简洁，去掉了一切不必要的加工和颜色，降低了成本和价格。虽然今天无印良品也成了品牌，但是它诞生时的基本宗旨是无品牌，去掉品牌溢价，这是无印良品品牌与传统欧洲品牌的本质区别。

优衣库的变革同样始于20世纪80年代，它对产业链进行了整合，不但降低了卖场的装潢和人工成本，连作为原材料的棉花都要自己种，所以它能在保证品质的前提下大幅度降低价格。

品牌的欧洲模式和日本模式大体如上所述，其情感价值和品质价值的基础不同。那么，哪条道路更适合中国企业呢？

创建品牌的欧洲模式相对而言是一条更难走的路，这是因为情感价值要花很长时间才能建立。一个人愿意为一块百达翡丽手表付出那么多钱，是因为长期以来他对这个品牌积累了很深厚的感情。中国企业如果要从头开始建立情感价值是有困难的，或者说是需要时间的。能速成的只是名牌，不是品牌。

或者说，我们目前并不处于基于“情感价值”的欧洲品牌模式的“红利期”。创建基于“品质价值”的日本品牌模式，相对更加容易快速契合中国当下的国情。在中国，如果说真的有和欧洲奢侈品对应的商业模式的话，我个人认为是“名贵药材”，这个看似风马牛不相及的东西，才是真正的对标。中国人因为历史原因，天生相信灵芝、冬虫夏草、天山雪莲等这些植物能够起死回生、大补元气，百病不生。这就和欧洲人因为历史原因，更愿意享用原来皇家享用的奢侈品一样。欧洲奢侈品逻辑，在中国用得最好的也确实是虫草等领域。

在其他绝大多数领域，中国消费者更看重的还是品质，而不是情感本身。这和某个时期的日本更像。

从经济层面看，20世纪80年代初的日本经济比较萧条，优质低价、无品牌溢价变成了一种重要的商业模式。今天的中国经济增长也遇到了巨大挑战，在中国也有可能像当时的日本那样，优质低价成为重大的商业机会。

从技术层面看，随着信息越来越对称，产品参数比较更加容易，那些只愿为品质埋单而不愿为品牌溢价埋单的人，将从传统的品牌消费中逐步分化出来。

品牌的消费者其实有两种，其中一种不在意情感价值，只想为品质价值埋单，他们之所以买品牌，是因为在信息不对称的时代，只有品牌才能确保可靠的品质。他们所付出的品牌溢价，其实是为了买到高品质商品，为了不买错而付出的担保费。互联网带来的信息对称将让他们不必支付这笔担保费。

比如有一群人本来要去品牌饭店吃饭，但后来通过大众点评发现，还有个不知名的店也很好，价格还实惠，最后他们就去新发现的好饭店吃了。再比如现在不少小朋友到网上去买便宜的不知名洗发水，很多潘婷、飘柔、海飞丝、沙宣的消费者一开始不敢买，但随着好评的增加，他们会觉得，从洗发效果来看这些洗发水真的不错，有一部分人就会下单——只愿为品质埋单而不愿为情感埋单的人就这样分化到新产品里去了。

随着信息越来越对称，一部分只愿为品质埋单的人，会被从传统品牌中释放出来，被一批采用"优衣库（产业链整合）+无印良品（去品牌溢价）"逻辑的提供"优质低价"的新机构服务。比如说名创优品和必要商城对产业链进行了重新整合，让商品的价格回归了商品的使用价值。

从社会层面看，流程效率创新也有其紧迫性。我受邀参加鸿坤集团会议时，听毛大庆（原万科北京董事长）提到一个数字：90后的人口比80后减少44.2%；00后的人口比90后减少33.7%。我知道人口老龄化加速到来，但是听到这个数据还是蛮震惊的。商业效率的提升刻不容缓。10—15年后，你开着特斯拉做Uber，都招不到人了。

充分利用互联网带来的连接属性，大大改善信息不对称带来的效率低下，创造"优质低价"的产品，成为这个时代推高产品势能的最大的"创新红利"。我甚至讲过一句话："互联网一切的优势，都是效率的优势。”

有一次我在一家大银行演讲。有人问我：有人说现在还没转型的传统企业就不用转了，因为互联网公司会死一大片，然后回归传统，你怎么看？我回答说：高效间的竞争再惨烈，不代表低效就能活下来。军阀如何混战，溥仪也当不回皇帝。灭掉清朝的一定是辛亥革命，而不是明朝的遗老遗少。

接下来我们对几个案例做具体分析，看看它们是如何利用“流程效率”这个创新红利，成功进化为“达尔文雀”的。

1.线上零售创新案例：必要商城的“短路经济”

要去目的地，光有地图不行，你还必须知道自己现在的位置；要想转型，光有战略不行，你还必须有不偏不倚的自我认知。

零售品牌商大多认为自己的优势在于“品牌”（创造价值），但在这个品牌大量过剩的时代，不少零售品牌商的真正优势，其实是懂得占据“零售”资源（传递价值）：广告轰炸比别人猛，店开得比别人多、比别人快，所以卖得比别人好。这种以量取胜的模式带来的最大挑战是：对未来的预测不够准确，以及随之而来的高库存问题。

以服装为例，为了留足面料和成衣的生产时间，品牌商在今年春季就要预测明年春季流行什么样的衣服。因为不知道用户是谁、数量有多少，所以品牌商必须生产足够的款式，以及足够的“深度”，比如这款衣服生产多少种颜色和尺码，每种颜色和尺码又生产多少套。这种预测显然很难做到精准。进入销售阶段之后，卖得好的往往来不及补货，因为大批面料和成衣的生产周期很长；卖得不好的就形成了库存。

从百度出来的毕胜在解决库存问题上开创了一套新模式。

为了见毕胜，我专门在他的必要商城定制了一双号称是由巴宝莉中国代工厂按照给巴宝莉代工的品质生产的皮鞋，想亲身体验一下。

必要商城是一个被称为C2M（Customer to Manufactory，顾客到工厂）的反向定制平台，消费者先选择自己的尺码和喜好，下单，然后厂家再生产。我颇有兴致地选了自己喜欢的鞋面颜色、鞋底和鞋带，下了单，大约20天后，鞋子寄到了。我不确定巴宝莉是否真的会如毕胜所说，把这样品质的皮鞋卖到5000元，但我穿完感觉，这样品质的皮鞋只卖399元，确实大大物超所值。

近来，海淘和跨境电商兴起，折射了消费者对高价低质的中国制造的深度不满，而在必要商城，消费者却以“白菜价”享受到了具有“奢侈品品质”的商品：必要与依视路代工厂携手推出的运动眼镜售价259元，而相同配置的带有依视路商标的眼镜，据说市场价约7000元；阿玛尼代工厂生产的男鞋在必要商城只卖三四百元，而据说相同品质的阿玛尼男鞋售价两三千元；巴宝莉代工厂生产的衬衫在必要商城卖166元，据说同样品质的巴宝莉衬衫则卖1380元。

必要商城到底是怎么做到优质低价的？毕胜说，核心是C2M。那么，什么是C2M？就是一端连着消费者，另一端连着制造商，去掉了中间的渠道环节和库存压力，用优质低价吸引广大消费者，先下单再生产，用零库存吸引顶级制造商。

C2M：库存问题的终极答案

简单来说，必要商城的C2M模式是按需生产，消费者先下订单，然后工厂再生产，这样就不会出现库存问题。C2M让消费者与制造商直接连接，砍掉了中间渠道以及库存的加价，这使得必要可以走优质低价路线，以高性价比吸引消费者，经过口碑传播，持续做大销售规模。毕胜把这套做法总结为“短路经济”。之所以称为短路经济，是因为过去的路太长，中间都是无效加价，因此要缩短这条路。

消灭库存，是必要的C2M模式，也叫短路经济的核心。

很多人都知道，库存是零售行业的顽疾。红领西服总裁张蕴蓝曾经对我说过，每销售1件衣服，大概会产生3件库存。所以可以说，你每买1件衣服，等于付了4件衣服的钱。而库存也催生了奥特莱斯、唯品会的商业模式。

可是毕胜认为，3：1库销比已经非常健康了，基本上不存在这个数据。零售的库存问题是传统方式解决不了的，除非用C2M模式，先下单再生产。一旦库存问题解决不了，其他什么都是白搭。以眼镜为例，它的定倍率（零售价/出厂价）是30至50倍，这不仅是因为中间环节赚了太多钱，还因为库存问题。眼镜的镜片都是有备库的，不同的度数要备好。眼镜店会备度数最常见的镜片，如果所有度数的镜片都备齐的话，就有27万种组合，54万个镜片，那肯定就死定了。而必要商城的眼镜采用C2M模式，不用备货，顾客下单后，镜片才会在工厂里烧出来。必要商城通过消灭库存，极大降低了成本和价格。

我继续追问，工厂的原材料总是要备库的吧？比如与必要商城合作的鞋厂，总得事先购买皮革和鞋底等原材料。毕胜认为，C2M的原材料库存不会对制造商造成压力。因为原材料本身是保值的，有时还增值，比如从非洲购买的原材料，一旦非洲出口少了，还能增值。而原材料一旦做成鞋成为积压的库存之后，就会大幅度贬值。因此，先做鞋子再去卖的传统模式无法回避库存问题。

我又问道，那么传统企业是否可以采用“爆品”策略，在一个品类里全力以赴做好一两款产品，一经推出就火爆热销，这样自然也没有库存压力？毕胜认为，这个策略也不能彻底解决库存问题，因为人的预测能力是有限的，生产完之后没火爆的可能性始终是存在的，到时为应对火爆热销而大量生产的备货就成了大麻烦。赌爆品的难点在于无法保证每次都赌对。

毕胜说，汽车业大佬李书福对库存问题的严重性也有深刻认识，他也认为C2M是库存顽疾的终极解决方案，因此主动联系了毕胜。2015年11月，毕胜宣布与吉利集团合作，推出售价仅为3.69万元的熊猫汽车，用户可以选择车身颜色、操控台、内饰及座椅等。C2M模式去掉了渠道加价，还避免了库存风险，因此车价能够降低2万多元。这样的价格对吉利其他车型的销售显然会造成冲击，吉利之所以顶住压力这么干，就是为了消灭库存——如果汽车卖不掉，资金压力更高。

传统销售模式下，一个产品从生产到回款的资金占用周期会达到一年半载，如果形成库存积压，资金占用好几年，就更可怕。而C2M模式是东西还没生产，钱已经到手了，资金的使用效率达到最高，能够极大改善企业经营状况。

毕胜认为，因为C2M对库存顽疾有神奇疗效，所以与他合作的制造商都认同C2M是未来，愿意投人投钱跟着必要商城向前跑。

优质低价：中国制造的出路

毕胜不否认品牌价值的存在，但他认为中国没有品牌，所谓的品牌其实都只是知名商标。在他的定义里，有极致的产品，有几十年甚至上百年的历史，才能称得上一个品牌。

他说，很多人都回答不出什么叫品牌。一个记者说爱马仕是品牌，毕胜问为什么，他说人家起码有品牌故事吧。毕胜就问爱马仕的品牌故事是什么，他说不知道。还有人说爱马仕挺贵的，挺多人买，因为这个理由我也买了。

毕胜理解的品牌分几层含义：第一层，赋予你某种能力，给自己内心带来某种感觉；第二层，彰显身份地位，是给别人看的，毕胜曾在机场看到一个女孩全身上下都是LV品牌，上衣、腰带、裤子、袜子，甚至是特意外露的内裤；第三层，是一种信任。

那些在中国名噪一时的本土“品牌”，能同时满足上述三条中的几条？因此，毕胜认为中国制造业的出路不在于做品牌，而是踏踏实实做好优质低价。

吉列剃须刀100多元一套，毕胜说，实际成本才6元。它的代工厂的产品即将上架必要商城，代工厂老板问定价多少，毕胜说BOM价是1.35元，包邮十几块钱吧。代工厂老板说我的品牌还是有价值的。毕胜说你有啥品牌，就是一个商标嘛。你跟用户之间连“恋爱”都没谈，就说别人对你的品牌有感情，就想卖那么高的价格，这是不可能的——巴宝莉已经跟用户谈了150多年“恋爱”了。

恋爱似的情感价值之外，品牌还有个信任价值，用户相信买回去不会错，他宁愿多花钱买一个品牌产品，是为了避免做出错误的选择。所以对必要商城来说，重要的是把品牌的信任价值给承继过来，承继到平台上——在必要商城上购买的，就是高品质低价格的产品。这是毕胜不断强调做好品控的重要原因。

于是，就连利润率较高的品牌商也居安思危，开始尝试与必要商城合作。毕胜说，某国际化妆品集团准备在必要商城推出一款女士面霜，这款面霜用原来的商业逻辑卖，接近1000元，在必要商城只卖100元，而且就用欧莱雅这个品牌。

如前文所述，必要商城的模式对代工厂来说是没有损失的，它们的利润率是上升的。但这件事对品牌商的商业模式是有损害的，在必要商城推出的产品会跟其他产品形成很大的价格差。这个集团显然是下了巨大的决心才干这件事的——它的逻辑是，优质低价来势汹汹，与其等着毕胜跟别人合作做化妆品，不如自己来“闹革命”。

从这个化妆品巨头的决心来看，必要商城的模式甚至会让全球形成一个优质低价的风潮。反向海淘的出现，是这一风潮在消费者层面的体现。在必要商城，有个用户下了好多单，每单都不一样，他说这是美国的朋友让他反向海淘，在美国海淘中国的商品。国际品牌的产品往往都是中国生产的，运到欧美之后再运回来，这就是所谓的海淘。毕胜在美国有一帮朋友，他们在Facebook上晒了在必要商城买的东西，网友看到后，就托在中国的同事或朋友采购，然后邮寄过去，这就是反向海淘。

毕胜认为，优质低价符合世界上绝大部分人的消费习惯。以往大家认为，有一帮人就是买奢侈品的，另一帮人就是买不起的。其实不是这样的，不是两个人群，而是一个人的不同消费场景。比如说，今天你要跟某个大企业谈判，就要穿高级西服，但回来后要跟兄弟们见面吃饭，就会穿普通的休闲服。绝大部分中产家庭不会买多少奢侈品，就算有钱人家里也不是什么价位的产品都有，雷军和李彦宏这样的富豪家庭也对必要商城的产品感兴趣。

有人愿意为品牌故事埋单，但也有人只愿意为品质埋单。基于这个消费观，毕胜说，他相信，只要必要商城不犯错，就能帮助中国制造走出去。

毕胜认为，中国制造的趋势是，低质高价和低质低价的低端制造业都会被逐步淘汰，未来只有优质低价的高端制造业才能活下来，而C2M模式是实现优质低价的一个有效手段。

真的如此吗？我们拭目以待。

2.线下零售创新案例：名创优品将零售价做到同行的三分之一

互联网之所以对传统企业形成剧烈冲击，主要是因为传统企业传递价值的效率极其低下，互联网大大缩减了传递价值环节，获得了明显的效率优势。除了像必要商城那样投身“互联网+”浪潮，传统企业是否还有别的出路？

线下零售企业名创优品的巨大成功是个非常有趣的案例，它没有通过互联网也大大缩减了传递价值的环节。这说明，对于传统企业而言，拥抱互联网并非目的，提高效率才是终极目标。如果通过线下的方式也能高效传递价值的话，互联网公司就不一定有优势了。名创优品为我们展示了传统行业不向互联网转型也能提高效率的一整套方法论。

名创优品创办人叶国富有着多年传统零售经验，他认为，中国正在向日本、欧美靠拢，进入精品低价时代。中国传统零售业的生意为什么做不好？原因很简单，产品不够好，价格不够低，违背了时代潮流。叶国富认为，把产品做好，并卖得便宜，这永远是商业的王道。

名创优品有“三低”：低成本、低毛利、低价格。首先，名创优品通过大批量采购和一次性买断吸引了大批愿意给出最低价的优质供应商，它从供应商那里拿到的产品出厂价只有同行的一半。其次，名创优品信奉日本商界薄利多销的商业哲学，在这个出厂价的基础上只加了8%的自身毛利，覆盖产品研发、公司人员工资及中央仓库成本。然后再根据不同品类加价32%—38%配货到门店去销售，这个毛利覆盖了物流、房租水电、人员工资等运营成本。

这样一来，名创优品所出售商品的价格就相当于同行拿到的出厂价的90%—96%。同样品质的商品，零售价比别人的出厂价还要低！假设一个产品的正常出厂价是1块钱，通过省级代理、市级代理和门店等环节的层层加价，零售价要到三四块钱。而名创优品的出厂价是5毛钱，零售价是9毛多，可见其价格冲击力有多大。曾经有深圳同行向购物中心告状，认为名创优品是低于成本价搞倾销，破坏了正常的市场秩序。

提高供应链效率：精准选品+规模采购+买断制

接下来我们逐步分析名创优品的完整商业逻辑。

名创优品的采购量很大，单个产品一下单就是10万件——即便在名创优品只开了一家店的时候，每个单品仍是以万为单位下订单的。不仅如此，名创优品的采购实行买断制，在供应商把货物送到名创的中央仓库后，第15天就一次性付款，供应商对可能出现的产品积压不用承担任何责任。

之所以要实行大批量采购，是因为名创优品作为快时尚消费品牌，每7天就要上一次新品，因此提升产品生产效率是其重要课题。如果合作的供应商上午生产T恤，下午生产裤子，明天又生产袜子，效率肯定不高。而大批量采购能使供应商专心做一件事，从而提升了生产效率。

名创优品作为优质大客户，在向供应商提供极具诱惑力的采购条件（大采购量、买断、及时付款等）的同时，也提出了要求，那就是供应商一定要给出最低的价格。而事实上，供应商也确实愿意大幅度降低毛利率以满足名创价格最低的要求。这一方面是因为采购量这么大，供应商能赚到的利润总额还是颇为可观的；另一方面，大批量采购也增大了供应商与原材料提供商谈判的砝码，可以要求原材料降价。通过层层的供应链优化，最终，名创优品拿到的出厂价能降到原来的一半，可见大批量采购带来了最高的采购效率。而这也正是零售企业制胜的一大法宝——向上游去控制供应链，才能把产品的价格和品质控制在自己手中。优衣库甚至自己种植棉花，以降低原材料成本。

凡事总有两面性，规模采购除了能为零售企业带来诸多好处外，也可能会产生负面后果，那就是库存。对此，名创优品又是如何应对的呢？

叶国富反复强调工作要做在前面，也就是必须在市场调研和产品研发环节做实，真正理解市场需求后，每个品类精准推出一两款产品，成为爆品，而不是每年盲目推出几百款产品。例如名创优品从飞利浦的众多插座产品中挑选了两款，运用大规模采购和定制的方法，这两款插座的售价仅为79元和99元，一经推出即热销。

那么，这些精品、爆品又是如何被挑选出来的呢？叶国富是个数据驱动的企业家，这在互联网时代是非常重要的思路。在名创优品，专门有一批人每天到京东、淘宝上查数据，看近期大家最喜欢什么商品，哪些品类卖得非常好，这就为商品选样提供了准确的信息。每周一上午，名创优品都会召开商品选样会，叶国富、设计师、买手等40余人组成评审团，对初步筛选过的产品进行深入论证，研究价格、款式、质量。只有评审认为合适的产品，才能向供应商下订单。任何产品未经选样会评审通过是不能下单的，而订单一旦下了，产品就会变成库存，这就要求名创优品必须有非常好的预测能力。以往预测流行趋势主要靠经验直觉，名创优品则利用大数据提升了选品方面的效率。

叶国富分析了一些销售数据，如果选的品类真的特别好，排队买的人特别多，产品的销量就特别大，虽说卖得很便宜，但每个月产生的销售额还是相当可观的。以名创优品在广州的门店为例，200平方米的门店一个月的销售额大概有60万元。

提高渠道效率：投资直管+少量配货+全球市场

精准选品只是名创优品消化库存的一方面举措，事实上，每家门店所能售出的商品数量毕竟有限，因此，规模采购还要求名创优品必须有大量的店面来消化这些订货。创业短短两年多，名创优品已经开设1100多家门店。名创优品快速开店的诀窍是什么呢？

传统的开店模式无非是加盟和直营两种。加盟店是投资人出钱并负责运营，还要买断品牌方的供货，如果卖不完就变成了库存。对投资人来说，加盟店的经营不但麻烦且风险较高，这种弊端显然会影响开店速度。如果大量开直营店，又需要海量资金，初创企业根本负担不起。为了能大幅提高开店效率，又不用投入太多资金，名创优品采用了新的投资直管店模式。

与加盟店不同，名创优品的店面投资人只需要负责前期的投入。投资人在购物中心租个店面，一般是200平方米左右，然后按照名创优品的标准进行装修，最后再交100万元的押金给名创优品，作为持续供货、调货的押金。投资人只需要投入这总共加起来的两三百万，剩下的运营等事务就由名创优品来负责了，这便是投资直管模式。

对投资人而言，不用负责店面运营，所有的管理都由名创优品负责，是件轻松简单的事。然而，如何让投资人“把心放到肚子里”，安心将店面运营交给名创优品呢？一方面，名创优品有自己的培训学院，负责持续培训店长，店长培训合格后，被派到各地门店，门店员工则在当地招聘并培训。更为关键的是，名创优品耗资3000万元请专业公司开发了一套ERP系统，产品的进货、调货、销货及下架，所有这些数据在ERP系统里是完全对投资人公开的。投资人能看到自己投资的店当天的每一笔交易，并且门店第二天就会把前一天的利润打到投资人的账户上，投资人每天都能看到现金流，一年半左右就能收回成本——这算得上是很不错的投资了，因此很多人现在排着队要投资名创优品开店。

投资直管模式使得名创优品在资金并不充足的情况下快速扩张。受限于店面管理人员的培训速度，预计2016年名创将开出500多家门店，店面数量同比增长50%；2015年名创优品的营业额大概是50亿元，预计2016年将达到100亿元，营业额同比增长100%。

门店数量的快速增多，对名创优品的运营提出了极大挑战，其中之一便是物流配送。为了提高配货效率，名创优品采用了“中央仓库+少量配货+全球市场”的模式。

名创优品在全国各区域设有七大仓库，供应商把产品直接送到中央仓库，再由仓库直接给周边门店配货，新货从仓库到门店通常只需一两天。并且，名创优品的配货原则是“少吃多餐”，每天给门店少量配货——将大量货物放在中央仓库，既方便在同区域的门店之间调配货品，也避免了在单个门店产生货品积压的问题，这是零售业非常重要的一个方法论。

至于货品的配送、调配，也并非名创优品的门店店长说了算——事实上，他们只需要管好门店的陈列、防盗、服务、卫生这4件事。进货、调货则是由名创优品总部100多位数据分析员来负责的。这些数据分析员每人负责10个门店的ERP系统数据，对系统所反映的每家门店每个品类每天的销售数据进行分析，再根据畅销或滞销情况对店铺下达指令。某个商品如果在A店卖得不好就调配到别的店，在B区域卖得不好就调配到其他区域。

考虑到中国内地的各区域市场仍存在一定共性，名创优品又整合全球市场资源，在世界各地开设仓储中心和100家门店。由于市场的异质性强，在中国内地卖得不好的产品，在香港，或在新加坡、泰国、迪拜会卖得好。

在延伸至全球的庞大市场体系中，中央仓库、少量配货这种模式能让货品在门店之间的消化变得非常顺畅，这样一来，产生积压商品的可能性就很小了。

提高推广效率：借船出海+购物中心+粉丝口碑

叶国富从一开始就把名创优品定位为全球化的公司，他的店要开到全世界。那么中国企业该如何建立国际品牌呢？

联想收购IBM的PC品牌、吉利收购沃尔沃是一条道路，这需要雄厚财力；海尔、华为数十年如一日，打造出国际品牌是另一条路，这需要恒心毅力；叶国富则比较推崇省钱省时的“借船出海”模式，即把国外品牌嫁接到中国超强的制造能力上。

在叶国富这一代的企业家中，有不少人都喜欢用外国品牌，他也不例外，创业伊始就把名创优品注册在日本，这多少是利用了中国人喜欢用外国货的心理。但是叶国富跟他们还不大一样，一方面，名创优品在日本有50多人的设计和经营团队，他每周都会和日本团队开会讨论运营问题，充分利用日本的品牌运营经验和产品设计能力；另一方面，很多企业注册外国品牌的目的是想在中国把产品卖得更贵，可是名创优品虽然注册了日本品牌，却卖得比国内商家更便宜，这是很少见的做法。

叶国富强调，注册日本品牌的主要目的是提升名创优品进军全球市场的效率。在许多美国人、欧洲人的印象中，低质低价一直都是中国制造的代名词。如果把中国品牌的连锁店开到国外去，美国人、欧洲人恐怕会因为对中国制造的固有偏见而排斥中国品牌；可如果是日本品牌的话，他们就会感觉不错。所以叶国富一开始就注册一个日本品牌，对名创优品销往全世界是有巨大好处的——用吴晓波的话来说，这给中国企业家找了一条国际化的道路。我们不一定要用中国的品牌，而是到某个发达国家去注册一个牌子，绝对控股，然后在中国生产，这样走向全世界的踏板就会非常稳健，而且获取了大部分的利润，不至于在产业链最低端苦苦挣扎。

在进军全球市场之前，名创优品还是要在国内打好基础，这就面临一个问题：在哪里开店才是最佳选择呢？叶国富尝试后发现，在购物中心开店的推广效率是最高的。叶国富认为，逛购物中心的消费者大都去过日本和欧美，知道国外的商品物美价廉，当他们看到这是日本品牌的店，装修又这么漂亮，虽然东西很便宜，但不会觉得是在卖假货。

了解到中高端消费群体更容易理解“优质低价”的合理性后，叶国富就选择在一流购物中心和高端商业街开设门店。典型的成功案例是名创优品在香港开了20家店，每个店都活得很好。“拿下”中高端消费群体后，“产品好、价格低、环境好、服务好”等优势经由他们口口相传，名创优品不仅知名度得到了提升，顾客群也在不断扩大。

叶国富说，很多商场的铺位在名创优品没有去的时候租不出去，名创优品来了，把10个小铺全部打通改成大铺做旺后，别的品牌就直接对商场说，你把名创优品的位置给我，我给你双倍租金，于是商场就开始约我们谈，让我换个位置。

名创优品凡事都讲求效率，其在粉丝经营方面的高效率也值得关注。优质低价的商品让一批顾客成为粉丝，他们主动加了名创优品的微信公众号，随着名创顾客群的扩大，很快便积累起几十万粉丝——这个数量级的变化引起了管理层的重视。随即，名创优品推出“扫码送袋”活动，用一个小小的购物袋引发了粉丝量的爆发式增长，如今粉丝即将突破1000万。通过公众号，名创优品向千万消费者推送日韩、欧美的流行和生活资讯，普及相关产品知识。这个优质公众号，可以达到比几千万广告费更好的推广效果。

启示录：转型之战的本质是效率竞争

叶国富曾参与运营零售品牌“哎呀呀”，采用的是传统模式，发展代理商和加盟商。公司的毛利率是35%，代理商赚10%，加盟商再加价65%。10年间，“哎呀呀”的最高销售额曾做到8亿元，现在是六七亿元。这套玩法和发展速度跟名创优品这样的“新实体”显然无法匹敌。

富于创新精神的叶国富对实体零售店的未来有强大的信心，在与吴晓波的对话中，他甚至放言：“马云与王健林的赌局，我认为马云必败，如果实体零售输了，我愿替王健林出这个钱。”但我跟叶国富对话时说：“不管王健林赢还是马云赢，你现在做的事情其实跟电商是一样的。”电商用更高效的手段解决了传递价值环节的效率问题，然后冲击了传统零售；名创优品虽然做的是线下实体店，但也是用更高效的手段解决了低效的问题，冲击了传统零售，所以其实它是跟电商一起在冲击传统零售。

解读名创优品的成功，非要用线上PK线下这个逻辑，其实意义不大，更重要的逻辑是用更高效的手段去冲击低效的手段。如果非要用线上、线下的概念，我们可以说，电商是用线上的高效手段冲击了线下的低效手段，而名创优品则是用线下的高效手段冲击了线上的低效手段，这两种模式都属于高效率的新经济，它们一起瓦解低效率的旧经济。

所以传统企业拥不拥抱互联网并不重要，重要的是你要提高效率。今天正在上演的是一场高效与低效之间的对决，而不是互联网与线下企业的战争。

3.B2B行业创新案例：找钢网如何降低交易与物流次数

近几年，惨淡的钢铁行业成为产能过剩的典型代表。然而，就在这个阴云密布的行业，却透出了一抹罕见的亮色：2015年，钢铁电商找钢网的月交易量达到了100万吨，而年交易量超过100万吨的零售钢贸商在全中国不超过20家。在很多企业从消费互联网进入产业互联网的今天，找钢网确实是一个不错的案例，可以帮助大家思考，如何用盛行C端的互联网模式进入B端，把竞争极其惨烈的血海变成一片广袤的蓝海。

那么，成立短短4年的找钢网是如何飞速崛起的呢？我们认为，其关键在于大幅度提升了供应链效率。

定义供应链效率的核心指标是什么？

雄牛资本领投了找钢网的C轮融资。雄牛合伙人李绪富认为，找钢网应该像雄牛曾投资的京东商城那样，定位于供应链优化公司。京东优化供应链的本质是无限缩短从生产者到消费者的距离，让商品的物流次数无限接近于2——生产厂家运到京东的仓库，然后京东一次运送到消费者手中。

刘强东认为：任何一种互联网商业模式，如果不能够降低行业的交易成本，不能够提升行业交易效率的话，那么最后注定是会失败的。

钢材的交易链条冗长，物流次数约等于交易次数，李绪富认为，这意味着钢贸行业效率极其低下。理论上讲，钢材这么笨重的商品从钢厂出来，要么直接发送到用户那里，要么倒转一次到用户那里，换句话说，物流次数应该是1或2。钢材倒转的次数越多，流通企业体现的价值就越小，因为它们没有把效率提上去。

找钢网的核心价值在于，它缩减了交易次数和物流次数，大幅度提升了供应链效率；在此基础上，它开发出了丰富的赢利模式。

相信各行业的B2B企业都可以从“找钢模式”中获得启示。

启示录：为小买家提供优质服务，成为行业订单的入口

传统的钢铁渠道环节众多，高成本而低效率。在2011年之前，中国钢材供不应求，卖方市场导致钢厂和贸易商都不关注渠道效率，因为各方都获得了高利润。2012年之后，钢铁业的产能过剩问题愈演愈烈，钢材难卖成普遍现象。从大趋势上看，提升卖钢效率显然是一个创业的风口。于是，王东、王常辉等人抓住契机，于2012年5月推出了找钢网。

看准趋势之后的难点是如何找准切入点。作为交易平台，可以通过汇集卖家的方式来吸引买家，也可以通过汇集买家的方式来吸引卖家。传统钢材交易的环节是：钢厂—大代理商—中间商—零售商（次终端）—终端用户（真正的用钢企业）。钢厂和大代理商之间有着长期稳定的合作，双方是强关系，以找钢网薄弱的创业资金，贸然去撼动这种强关系显然是不明智的；相比之下，30万钢铁零售商和中间商之间是弱关系，找钢网找到的切入点就是先汇集这批小买家，再以此吸引卖家进入平台。

找钢网快速吸引大批钢铁零售商的办法是瞄准它们的核心刚需，解决它们找货难的问题。零售商找货到底有多难？一方面，钢铁业的销售信息高度分散，每一个卖家每天要对外发布库存量、报价表，且格式各异，有Word的、Excel的、TXT的，买家不仅找货麻烦，而且很难了解哪家的货最便宜；另一方面，购买钢材需要经过比价、议价、询价、锁货等13个环节，非常复杂，普通买家购买一次钢材可能需要打十几个电话，花上几个小时，效率极低。

大规模信息的数据化处理正是电商的强项，找钢网开发的系统能处理上千个卖家信息的每日更新，它匹配符合买家需求的货物只需要几秒；找钢网还把13个购买环节简化成3个环节——提交需求、提交订单、付款，进一步提升了交易速度；零售商找到货之后议价能力很差，找钢网可以把零售商的小订单聚拢起来，再去和钢厂议价。

找货快、比价快、议价能力强，并且是免费服务，因此找钢网的撮合交易量迅猛攀升：2012年9月25日，日撮合交易量突破7000吨，当月交易额破3.5亿元；2015年年底，日撮合交易量达到10万吨。

启示录：以海量订单吸引厂家和代理商，赚佣金而非博差价

免费的撮合交易使得找钢网成为行业订单流的入口，买方云集的平台自然会对销售困难的卖方产生强大吸引力。

钢厂自营与“保价代销”

2013年一季度，开始有钢厂提出与找钢网合作，王东借此推出“找钢商城”，将业务模式成功扩展到钢厂自营。到2014年年初，合作的钢厂增长到13家，到2015年，找钢网的客户已覆盖中国大部分的主流钢厂。

钢厂自营的交易环节变成了“钢厂—找钢网—零售商（次终端）—终端用户”，大代理商环节被取消了。钢厂绕过大代理商，不只是因为找钢网的客户多，还因为它们与大代理商产生了利益冲突。

大代理商和钢厂的合作是买断制销售，一手交钱一手交货，钢材价格涨跌完全由代理商来承担。前些年价格不断上涨，代理商赚了大钱。这几年产能过剩，钢材价格持续下跌，代理商出现持续亏损，就不愿进货或想推迟进货，这就会限制钢厂的销售规模，导致钢厂库存高企，运营风险大增。钢厂和代理商的矛盾由此激发出来，传统的强关系日渐式微。

相比于传统的代理买断制，找钢网的钢厂自营“保价代销”模式，非常有利于做大销售规模，快速消化钢厂库存。

“保价代销”模式是怎样运作的？假设钢厂当天的出厂价2000元/吨，找钢网把这批货接过来独家销售，由于货值较高，找钢网要按每吨2000元的价格全款付给钢厂，但是不结算。然后找钢网开始卖货，今天卖10%，明天卖20%……根据销售进度，钢厂会每天定价，找钢网就在这个价格基础上加价约1%的佣金进行销售。比如钢厂定价每吨1900元，找钢网会按1920元的价格去卖。找钢网跟钢厂每天对一遍账单，然后月底根据实际售价结算一次。那2000元/吨不是真正结算给钢厂的，可以理解为货物的全额保证金。

“保价代销”模式能真正解决销售规模的问题。年销量过百万吨的钢贸商之所以在全国都是凤毛麟角，是因为价格波动让钢贸商不敢扩大规模。以2015年7月为例，钢价一个月就跌掉了300元/吨，钢贸商一个月卖10万吨，这就要做七八万吨的库存，8万吨乘以300元，一个月就亏了2400万。现在钢铁市场又处于颓势，1吨可能就赚三四十元，2400万得多长时间才能赚回来？找钢网的“保价代销”模式只赚少量佣金，但不承担价格风险，这样找钢网就敢做大销售规模，只要找钢网的融资能力没有上限，它的销售规模也是没有上限的。因为“保价代销”消灭了囤货博差价的原始动机，找钢网的利益就和钢厂、零售商保持了一致，规模迅速做了起来。

总之，从“钢厂—大代理商—中间商—零售商—终端用户”，到“钢厂—找钢网—零售商—终端用户”，找钢网对钢铁交易链条做了一次明显的优化。

优化产业链，靠服务赚钱

“保价代销”其实是个定位的问题：到底是靠交易赚钱，还是靠服务赚钱?

一旦去赚交易的钱，就可能像传统钢贸商那样被单吨利润所迷惑，现在确实有钢铁电商走上了这条老路，却遭遇严重亏损。找钢网不追求单吨利润，以低佣金来做大规模，再通过规模向下游做产业链优化，靠服务赚钱。

我们先来看看找钢网没进入钢贸行业之前，这个行业的仓储、加工、物流、金融是什么样的状态。这些钢贸领域的服务性行业有两个共同点：一是行业中的公司规模都很小，所以成本高、效率低；二是它们和前述交易链条没有串联起来，它们之间也没有串联，是孤岛式的存在，信息严重割裂。这样一来钢铁零售商要做成一笔生意就很痛苦：它们既要面对钢铁贸易商，又要一一面对仓库、加工厂、车队，钱不凑手的时候还要去面对担保公司。

现在找钢网给它们提供了一揽子的服务：零售商只要在找钢网平台上买货，就有胖猫物流跟进去运货；然后还有仓储和加工服务；因为交易格式化、可监控，还有金融机构愿意跟找钢网一起给零售商提供金融服务。

我们以物流为例，看找钢网是如何提升行业服务水平的。原先钢贸行业的物流是司机挂靠到车队，车队再挂到配送站，然后配送站再向大钢贸商找订单。现在找钢网取代了配送站，未来找钢网希望推动司机们安装APP，让车队司机直接在找钢物流平台上通过自己的报价抢小微客户的物流订单，进一步提高物流信息的透明度和服务质量。

胖猫物流的主要利润来自小订单的拼凑。找钢网有海量的订单，因此使零单的拼凑成为可能。比如A客户想送10吨货到浙江海盐去，这时没有司机愿意做这单生意，即便有人接单也会要很高的价，而找钢网查到B客户有20吨货也需要送到海盐，10吨和20吨拼起来正好是一辆小车的运送量。通过把零单拼起来，胖猫物流就能获得比较高的利润。

胖猫物流不仅为零售商找车提供了便利，还能部分解决货车空驶的问题。原先物流市场信息不对称，钢材和货车的匹配效率不高，导致很多货车返程时空驶，或者送货去目的地之后在那边多待几天，等有货之后再返程，等待的这几天它是赚不到钱的。找钢商城一天有约20万吨的交易量（钢厂自营+贸易商联营+撮合交易），共计6000个订单，其中仅江浙沪地区就有3000个订单，因此能大大提高匹配的效率。现在很多货车司机的回程车不会空驶，就不必长时间留在目的地等待，本来他们一个月只能出10次车，现在能出15次车。

“找钢模式”的未来：反向定制

在未来，找钢网能够通过海量的交易数据做比较精准的用户分析，把用户的特殊需求归纳出来，然后递交给钢厂。钢厂想要的是连续性订单，特殊订单只来一次就没意思了，如果找钢网告诉它这种订单每个月都会有，钢厂就会愿意对自己的生产做出调整。

比如说现在钢厂只生产两种螺纹钢，9米和12米，但这样真的是对的吗？也许以后根据大数据，钢厂也会生产5米、8米、15米的螺纹钢，有这样的产品，用户就不用再做切割，可以节省不少成本。用户可能愿意为新产品加价三四十元，而钢厂增加的成本可能只有10元，它从中获取的利润就会比常规产品高一些。

找钢网已经开始做反向定制的小规模试验。比如，找钢网上有三四十家封头企业（封头是一种锅炉部件），它们每个月都需要两三千吨属性偏软的中板，但对板面整洁度等方面没有要求。找钢网就向一家小钢厂每个月下2000多吨的订单，专门供给这些封头企业。虽然是反向定制，但钢厂的成本其实是下降了，找钢网还可以挤压钢厂的利润以增加网站利润，原先卖一张钢板的利润不到30元，现在可以赚50元。

在找钢网精心开发的这笔生意中，交易环节是“钢厂—找钢网—终端用户”，交易和物流次数已经精简到非常理想的2次，这是大数据带来的效率提升。如果未来反向定制得以普及，钢铁业的整体效率将达到非常理想的状态。

启示录：哪些行业能够复制“找钢模式”？

在产能过剩阴影挥之不去，PPI（生产价格指数）连续45个月负值的严峻现实面前，越来越多的人认识到，粗放式增长已经不再适合中国，效率提升成为各行业的必修课。大力发展B2B电商，是提升行业效率的备选方案之一。

王东提供了一个简单标准，只要存在线下批发市场的行业，都可以借鉴“找钢模式”进行改造。如果把标准定得更具体一些，符合“上游过剩，下游海量”这两个条件的行业，都比较适合做B2B电商。上游产能过剩，销售困难，厂家才会产生改革层层批发的渠道的需求，才需要更高效的电商渠道帮它卖货；下游海量，让它们之间很难结盟，没有谈判筹码，中间环节的电商出现，中小买家就有了议价的筹码。

找钢网创始人王东说，B2B行业的效率极其低下，是个巨大的机会。但是，要抓住这个巨大的机会，每一个细分领域都有一个关键点，这个关键点还都不一样。对于钢铁领域，这个关键点就是“保价代销”。如果没有找到这个关键点，很可能是“理想很丰满，现实很骨感”。

以找钢网投资的找铝网为例，它抓住的铝合金门窗行业的特性是：产品标准化程度极低。

现在的铝合金门窗行业乱象丛生：门窗公司会对客户说，你有几十种产品可以选择，它们提供这么多选择就是为了制造信息的不对称，以便把价格拉开层次，产生巨大的利润；以次充好的现象也不少，比如隔声隔热的玻璃，很多厂家是说得到但做不到的。

因此找铝网的切入点类似于智能手机的先驱苹果和三星：给行业制定标准。它要用极低的生产成本和比较好的品质去击穿这个市场，打掉其他铝合金门窗店或生产企业。

找铝网的另外一个切入点是抓住核心渠道——装修公司，让装修公司帮找铝网接订单。理论上装修公司应该在装修住宅时把窗户一起做掉，但以前装修公司不愿接窗户的订单，因为铝合金门窗行业太复杂，不标准化，装修公司不愿意承担这个责任，怕万一出问题。找铝网提供优质低价的标准化产品之后，就会有装修公司愿意和找铝网一起开拓这个市场。

总之，把握好“上游过剩，下游海量”的共性和行业自身的特性，是B2B电商的基本功课；减少交易和物流次数，大幅度提升行业效率，是B2B电商的基本方向。

4.流程效率创新带来创造价值者的狂欢

结合线上零售、线下零售及B2B行业的三个案例，给价值传递者（渠道商）转型提出转型建议之后，我还想谈谈流程效率创新给价值创造者（生产商、服务商）带来的深远影响。

2015年我受邀飞新加坡，给新加坡的企业家讲近两三年来移动互联网给中国工商业带来的巨变。一整天的课讲完之后，帮我做同声传译的小姑娘过来问，我这个行业会不会被互联网取代掉？我就问了一个问题，今天机器来做同声传译的效果如何？她说效果还比较差，目前还没法跟人比。我说，那就不用担心，互联网一刀一刀切掉传递价值的环节后，将会变成创造价值的手艺人的狂欢。

很多人在想，互联网到底在干什么？在大变革的时代，我们一定要回归到商业的本质来思考问题。企业存在的意义是为用户创造价值，这是不变的。我把这件事分成两个环节，一个环节叫创造价值，一个环节叫传递价值。海尔做出了冰箱，苏宁把它卖掉，简单来说，海尔是在创造价值，苏宁是在传递价值。

互联网今天主要挑战的都是“传递价值”类企业，比如沃尔玛、苏宁、万达等。对传统的“创造价值”企业，比如汽车等，要心存足够的敬畏。

来看一个稍微复杂点儿的例子——电视频道。我特别喜欢江苏卫视的一个节目《最强大脑》，那么江苏卫视是创造价值还是传递价值呢？在电影、电视剧以外，江苏卫视的新闻节目、访谈节目和娱乐节目都是自己制作的，从这个角度来说，它是创造价值的；但这些原创的节目又是通过江苏卫视自己的频道放出去的，频道就是传递价值的。所以，江苏卫视既创造价值又传递价值。

但是，互联网来了，互联网挑战了电视频道的哪个属性呢？互联网首先挑战的是它的传递价值属性，比如说我很喜欢看《最强大脑》，但我几乎不可能每周五晚上9点坐在电视机前去看，因为这个时间点我基本上有安排，通常我是找一个自己最合适的时间去优酷网或爱奇艺上看。江苏卫视当然更希望我在周五晚上看电视节目，因为它的主要收入是来自于收视率所带来的广告费。虽然优酷这样的视频网站也付了它一点节目版权费，但跟广告费没法比。电视频道发现看电视的人越来越少、网站的观众越来越多之后，它的主要收入受到极大的挑战。

很多人不通过电视频道看节目之后，电视台传递价值的属性受到极大的挑战，所以互联网首先挑战的是它传递价值的属性。

今天广电总局还不允许，如果允许你家电视一打开就是优酷网的话，会带来怎样的变化？我们认真思考一下，“频道”是什么？频道只不过是一组电视节目按照固定的逻辑顺序在播放而已。而在优酷上，有那么大量的节目，理论上是可以有无数人去创造无数个这样的连续播放的，也就是创造无数个“频道”的。所以如果你家电视打开就是优酷的话，你就会被淹没在汪洋大海般的“频道”之中，“频道”几乎变得毫无价值。那时重要的不是作为资源本身的频道，而是频道里面的内容。

罗辑思维就是一个典型案例。2015年罗振宇拿到新一轮融资，估值13.2亿。罗辑思维是少有的不通过广告来兑现的媒体，可谓真正的“自媒体”。罗振宇从传统媒体逃离后潜心做内容，我就讲好我的故事，录好我的视频，不用考虑我是不是弄个视频网站，做个APP什么的，那些都不重要。视频可以放在优酷上，APP可以放在微信公众号上。让优酷和微信去和传统媒体对决，但是不管怎么打，谁能打赢，都需要优质的内容。

吴晓波频道是另一个典型案例，内容越做越有价值，越来越知名。内容，最终成就了平台，变成用户和更多内容聚合的地方。

《中国好声音》《爸爸去哪儿》也是。传统媒体江河日下，撑住了剩下的半边天的，最终还是内容。

电台已经落寞多年，没想到被私家车的普及给救回来了。可是更没想到的是，还没高兴几天，又被“滴滴打车”干掉了。司机现在只用手机收听预约单，再也不听车载广播了。我有一位在中央人民广播电台做主持人的朋友，在各个互联网的广播平台上开通自己的频道，专注做好内容。我另外一位做广播电台主持人的朋友，是上海的“金话筒”，电台领导希望她转型去做一个互联网广播平台。我说：“你的真正价值是内容，做好内容，解绑平台，才是真正的转型。”渠道和平台变得越来越高效，好的内容，只会越来越抢手。在所有人都在大叙事的时代，做好内容这件“小事”。

再举另一个行业的例子——餐厅。餐厅是创造价值还是传递价值呢？大部分人会认为餐厅是创造价值的，我也同意，但是餐厅就完全是在创造价值吗？它的每个部分都是在创造价值吗？那也不一定。餐厅是典型的“前店后厂”的商业模式，后面的厨房就是“厂”，前面用来吃饭的十几张桌子就是“店”。其实真正创造价值的是后面的厨房，前面的十几张桌子是用来传递价值的。

这一“刀”切下去至关重要，因为你如果懂得切割创造价值跟传递价值，你就会理解今天的互联网到底在干什么。

有一家公司“饿了么”在2015年年初拿到了3.5亿美元的投资，那它干了什么呢？它并不是在自己的中央厨房做好快餐，然后送到你的办公室给你吃，它其实是到你办公室附近的那些餐厅把食物买来，然后送给你吃。这个时候你想一想，厨房创造价值的属性没有被取代，还是由它们来做饭；饿了么、美团外卖、百度外卖，它们是用更高的效率来取代那些传递价值的环节，也就是餐厅的前厅。

比如我经常到外面出差，有的时候在酒店不一定愿意出去吃饭，就会用饿了么或者百度外卖来点餐。我有时会问送餐的小伙子，你们一天有多少饭是送出去吃的？有个小伙子告诉我说他们现在有30%的饭菜是在店里吃，还有70%是送出去的。大家想想，以前这家餐厅的厨房仅仅是服务前厅的，现在有70%是送出去的，这就意味着厨房的效率、价值被整整扩大了两倍以上。

所以互联网到底在干什么？互联网今天其实是用更高效率的方式来取代原先传递价值的方式，而让创造价值的属性发挥更大的价值。

我们再往下看，厨房里面就全是创造价值的吗？厨房里真正在创造价值的其实是厨师，因为锅碗瓢盆我们家里也有啊，油盐酱醋我们可能觉得家里面的更安全。这一“刀”切下去之后，今天又出现一种新的商业模式，叫作“爱大厨”，你可以请一个厨师跑到你们家去做饭。有一次我在“爱大厨”的APP上叫了一个四星的湘菜厨子到我们家做饭。他戴着个大白帽子，穿着厨师的衣服，就在我们家的厨房，用我们家的油盐酱醋，做了四菜一汤。做完之后我一吃，发现真的是做的比我做的好吃。然后我就付了这个厨师69块工钱。很多人心想：怎么可能这么便宜？但是你想想，这个厨师如果中午和晚上各做两家的菜，一天做四顿的话（有的人家做四菜一汤，有的人家做十菜一汤），他一个月赚的钱可能比他作为一个餐厅厨师赚的钱还要多。

互联网又来一刀切掉传递价值的环节之后，其实让创造价值者得到了更大的收益。所以互联网其实是用更高效率的手段，砍掉了很多传递价值的环节，从而进入了创造价值者的狂欢。

我们再举个例子——出版。我到目前为止一共写过4本书，所以我知道中国出版业大概的流程：作者先写书，然后交给出版社去出版，再找印刷厂去印刷。在没有互联网之前，印刷完之后是去找线下的书店把它卖掉，过去是这样的。但是互联网来了之后，出现了叫“当当”的网络书店，当当卖的其实还是印刷出来的实体书，但是它不通过线下的门店去卖了，用更高的效率降低了成本，所以我就可以在网上买到相对更便宜的实体书。当当网其实是通过更高效率的方式砍掉了线下书店这个传递价值的环节。

后来亚马逊又推出了一个电子阅读器叫Kindle，电子阅读器非常好的一点是我连纸质书都不需要了。有这样一个非常轻便的电子设备，就可以在里面放几千本书，随时带着看。书还是出版社出的这些书，但是不用印刷了。所以Kindle干了什么呢？它继续砍掉了传递价值的印刷厂环节，书还是一样的书，只是不需要印刷了。

然后又出来一个网站叫“起点中文网”，有人在起点网上写连载，另外还有一些人在起点网上付费去读这些连载，有人付费有人读就成了像模像样的生意。网络阅读甚至都没有书这个概念了，完全就不需要出版了，这一下就可能把出版社给干掉了。

所以你看互联网到底在干什么？它在一刀一刀切掉那些传递价值的环节，让创造价值者体现最大的价值。

比如在网上写连载的一个小朋友叫“天蚕土豆”，据说他去见中国作协的主席，作协主席就问他：“小朋友你也写书吗？一年能赚多少稿费啊？”“天蚕土豆”就说：“我在网上写小说，一年的收入是3000万人民币。”你想一想，一个这么年轻的小朋友，在网上写写东西，一年能赚3000万，为什么能够做到？因为他用效率极高的方式，去掉了所有的中间环节，接触到了一切可以接触到的读者，前提是他写的东西真的很好。他如果写的东西真的很受欢迎的话，就进入了一个创造价值者的狂欢状态。原来出版业给作者的是8%—12%的版税，你买了一本40块钱的书，作者只能拿到大约4块钱，也就是十分之一左右，其他拿不到的90%都是因为中间环节所导致的。所以互联网把传递价值环节一刀一刀减完之后，创造价值者就进入了一个狂欢状态。

过去的线下经济时代，广告和渠道可以把一些二流的产品卖得比另外一些二流的产品更好。互联网没有办法把二流的产品变成一流的产品，但是互联网在大大缩减了广告、渠道等传递价值的环节之后，让一些真正一流的产品可以用最短的距离接触到消费者，让真正一流的产品可以拥有最多的用户，享受最大的价值。

回到开头的故事，我跟那个小姑娘说："你要提升同声传译的能力，建立你的口碑，用互联网的方式来传播，获得更多客户，做好准备，你可能会比原先赚更多的钱。"

提升专业能力不仅是给这个小姑娘的建议，也是给中国的制造业和服务业的建议。

我们认为，服务业未来的一大机会是利用大平台做优质的小前端。

互联网下地在2015年已经明显受挫，有很多O2O公司倒闭，主要原因是线下的小前端支撑力不够，服务品质得不到保障。

比如麦当劳喜欢淀粉含量高的土豆，适合油炸，西餐厅喜欢淀粉含量低的土豆，适合做沙拉，但中国的食材大多没有进行很好的分类，满足不了饭店的配送需求，这个问题难倒了很多生鲜电商。

又比如我曾经用打车软件连续三次叫好了车，司机却都不来。还有一次，我在外出差，忙完回到酒店，只想一个人在房间吃东西，于是用互联网点餐。没想到饥肠辘辘地等了两个小时后，接到餐厅电话，说："哎呀忘了送了，你真的还要吗？"言下之意是，如果要的话，再饿1小时；不要的话，饿死算了。

我饿晕了之后，决定戒掉这个网站。可是随着戒掉的网站越来越多，我发现，再戒下去就没有可用的了。于是，我回到了一种对线下已知品牌和互联网O2O平衡使用的并重状态。

“去中心化/去中介化”的价值观和线下运营能力之间的矛盾，变成了O2O的主要矛盾。多少O2O生于投资，困于运营，被骂死于失去控制的服务品质。

互联网大平台要落地，无论如何都是要跟优质小前端联合的，因此今后做优质小前端的机会很多。如果是个人，可以做成超小的前端，比如做个服务很好的阿姨或做菜很棒的厨师。如果能力再强点，可以做一个很好的厨师联盟或家政公司。在互联网时代做小前端，不至于空有好手艺却无人问津。比如有的人在百姓网上创业，提供上门维修服务，用户一旦需要上门维修就能找到他。现在政府倡导“大众创业，万众创新”，我认为大众创业的主要机会是做优质的小前端，不仅创业门槛低，可以不用寻找风险投资，而且小前端做好还会特别抢手。

制造业的机会是转型做优质低价的新国货，服务“新中产”。

1亿新中产的崛起是近几年中国经济的大事件。新中产大多是理性消费者，他们掀起了去日韩、欧美购物的热潮，因为相比之下，国外的商品又好又便宜。因此1亿新中产的消费需求有很大一部分流失到国外了。

国际品牌为了进一步抢占中国的新中产市场，还直接入驻了天猫平台。这批厂商有自己的产品、自己的品牌、自己的创新，今天的电子商务已经变成它们的机会，早期卖低质低价商品的电商红利期消失了。

在这轮新中产市场争夺战中，中国的手机业和白色家电是比较有竞争力的。因此，像小米、华为、海尔、格力那样，提供优质低价的新国货，这将是持久的巨大商机。

那大家该怎样抓住这一商机呢？只要在国外看到某类产品比中国又好又便宜（比如说中高端的皮鞋和化妆品），就说明中国做得又贵又差，你就有机会冲进去把它做得优质低价，从而满足1亿新中产的需求。这个方法我们在名创优品和必要商城的案例中已经做了详细介绍，可供大家参考。

小结：从互联网化到商业进化

我们先从宏观层面看这四大创新之间的关系。

互联网化之所以在近几年成为重大的话题，是因为线上和线下效率的巨大落差。在解决信息流和资金流问题上，互联网的优势极其明显，因此近几年的商业史就是互联网改造、提升传统产业的历史，这属于我们前面所说的流程效率创新。

但从2015年开始，互联网高歌猛进的势头开始放缓了。我们可以说这是因为“容易的、皆大欢喜的改革已经完成了，好吃的肉都吃掉了，剩下的都是难啃的硬骨头”。

什么是“难啃的硬骨头”？新媒体平台再牛，也需要有人源源不断地提供优质内容；O2O平台再大，也需要大批优秀的家政阿姨、厨师和美甲师提供服务；电商平台再强，也需要海量的优质低价商品来吸引用户，假货横行是难以长久的。

由此看来，真正难啃的硬骨头，是中国创造价值环节的落后，这是2015年中央决策层多次提出“供给侧改革”的原因所在。这方面的问题不解决，线上和线下渠道在传递价值方面做得再好，前途也是有限的。

会有越来越多的人意识到，中国企业的这一轮大转型，互联网化不是终点，全面的商业进化才是最终目的。互联网化带来的流程效率创新是商业进化的一个方面，产品和服务的基础技术、工程技术和用户中心创新是商业进化的另一个方面。我们务必建立更加系统的认知，“两手抓，两手都要硬”！

我们再从微观层面看这四大创新之间的关系。

当你的公司把东西做得好到别人不可比拟的时候，你就拥有了定价权，你就拥有了谈判的筹码，你就可以把产品卖出高额的定倍率。这就是积累产品势能。

那怎么做出别人不可比拟的好产品，享受到红利呢？你要么在基础技术、工程技术上创新，要么在用户体验上创新。

你越往基础技术方向进行创新，你被别人替代的难度越大，你的创新红利的周期越长；越到用户体验级别的创新，你的创新红利的周期也许就越短。

反正不管是哪一种创新，你做到了别人做不到的事情，就有差异化竞争优势。

但如果到了最后，其他企业不断迎头赶上，差异化越来越小的时候，很多企业就开始比流程效率创新了，就像名创优品和必要商城。

企业在竞争中要么获得性（效果）的优势，要么获得价（效率）的优势。如果能做到东西又好又便宜，那就足以获得巨大的产品势能，成为市场领导者了。

工程技术、用户中心、流程效率，是互联网时代产品的三大创新红利。

思考题：

1. 请列举自己所处行业的四大创新类型的案例。

2. 请查阅埃隆·马斯克与NASA的技术合作案例，思考自己公司与国内外科研机构的基础技术或工程技术合作机会。

3. 如何从便捷、品质、有趣和设计这四个角度改善自己公司的产品或服务的用户体验？

4. 自己所处的行业能否实现模块化和数据化，从而实现产品的个性化？

5. 请结合社交红利的内容思考：如何与客户交互，从而发现产品的创新机会？

6. 你所处的行业是否正在被流程效率创新颠覆？如果还没有，是否存在这种可能性？如果存在这种可能性，该如何做应对方案？

第四章

组织：全脑红利

利用趋势红利，推高产品势能，增加营销、渠道的动能，覆盖尽可能多的客户，似乎构成了完整的企业能量模型。但是，还有一个重要的部分，也是整个企业能量模型的基础——组织，不能不谈。所有上述的努力，都是靠人来完成的。而联合一群人发挥最大的有效努力的方式，叫作组织。

我在《互联网+战略版：传统企业，互联网在踢门》以及《互联网+：小米案例版》中，反复说过一句话：传统企业转型的问题，到最后都是组织的问题。所有的转型方法论的“不落地”，都是因为没有深刻地触及组织问题。

正如《哈佛商业评论：不可错过的管理盛宴》所说：“有些人倾向性认为，战略已经失去意义。我的看法恰恰相反，我认为战略的重要性达到了前所未有的高度，但是今天的战略存在的目的不再是为了维持现状和优势，而是为了打破现状。”

战略一旦调整后，组织如何随之改变是个重要课题。

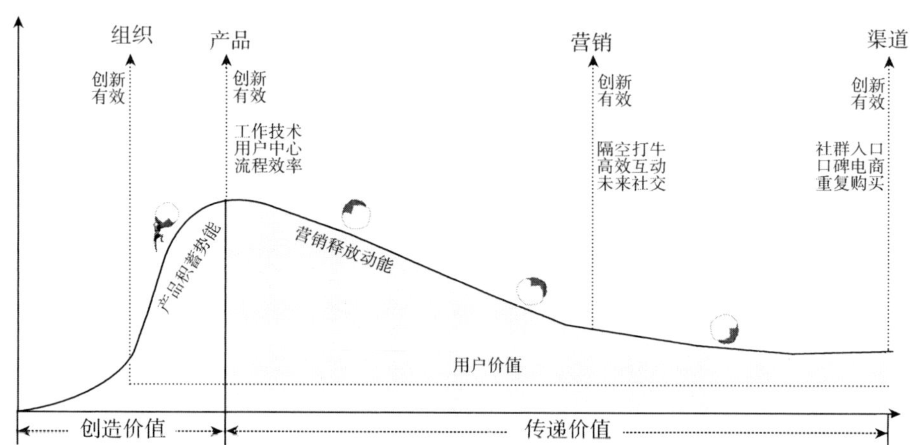

在企业能量模型中，我把组织能力作为“产品、营销、渠道”的基准线。好的组织模型，能够把后三者的基准水平提高。

那么，什么才是“好的组织模型”呢？或者，用进化论的语言，什么才是“适合这个时代的组织模型”呢？

组织的目的，是让一群人用“1+1>2”的逻辑，实现单人无法完成的目标。为了实现这个目的，需要有战略，就是实现这个目的的路径，以及一个“全心”愿意为此努力、“全脑”都被调动的团队。

实现这一点的核心是激励。

某世界著名连锁咖啡店的APP，我（安卓6.0）已经有一段时间登录不上了。我通过人脉请教了一下他们的中国区的副总裁，回答是你下个最新的试试。可是，我的已经是最新版本了。整个组织对互联网没有快速反应的能力，是因为没有对应的组织结构、反应机制，激励每一个员工，以及高管拥抱互联网、拥抱变革。这样的话，很多转型的尝试只能是自我取悦的摆设。

2015年9月，一位世界500强的高管在微信上问我，遇到转型部门和传统部门之间的价值观、考核激励等冲突的时候怎么办？这不是我第一次被问到这个问题，我一开始就说了很久。我给他讲，最近一年我给不少外企讲转型，比如eBay、康宝莱、惠氏等。其中，有家酒店集团在成都想设个棋牌室，因为成都人很喜欢打麻将，所有本地酒店都有棋牌室。报告送到美国，解释了很久什么是麻将，麻将和赌博的边界，要不要拿政府办法的赌牌，法律风险有多大，最后……还是没批。美国人在中国开公司的心态，就如北京人到太原开公司：多卖东西少犯错。太原人必须有向上管理的智慧。但是，就算你有这种向上管理的智慧，你有向上管理的动机吗？这背后，还是组织的激励机制。

组织，是生长出来的。

大部分企业创业的那一天，没有确定的组织形态，在大战略不断调整的情况下不断地自然生长。创业的组织，是生长出来的，不是规划出来的。创业成功之后，企业进入成熟期，大部分企业开始“战略流程化，流程工具化”，这时候，组织形态差不多已经定型。企业走向成熟期，就是一个战略被验证的过程和一个组织匹配战略的过程。一旦组织设置合理，我们发现，这家企业将进入它的巅峰。

每家企业都希望在自己的成熟期永远待下去，但是，外界的环境变了，开始需要新的战略。

2013年前，评价一家公司的老板是个好老板，通常大家是怎么评价的？大家说：这个老板厉害，出去打了一天的高尔夫，没有接到一个电话，这个企业管得好。一个企业老板出去爬了半年山，说公司都不去找他的，这个老板厉害，这个企业管得好。这是因为战略和组织很匹配。但是，2013年后，几乎所有爬山的老板都回来了。因为环境变了，企业的基本战略也要变。

在成熟期的企业，不断优化的流程+职业经理人，可以获得稳定的成长，员工行为和企业成功之间的关系被验证，而我们常用KPI去激励员工完成指定的行为。可是在创业、转型期间，员工行为和企业成功之间的关系需要重新被验证，这时候，我们就不能仅仅激励员工完成指定的KPI和行为了，而是要激励员工运用“全脑”，为了共同的成功目标，不断尝试新的行为模式。

转型相当于创业，我见过不少传统企业老板抱怨，员工没有创业精神，员工缺乏主人翁意识。其实，这仅仅是因为他们没有在创业，他们也不是主人。老板把持转型公司100%的股权，却要求员工像主人一样工作，这不现实。敬畏人性。一切人的问题，最后都是治理结构的问题。

成熟期的企业，组织激励政策是针对人的手脚（行为），在创业、转型期的企业，组织激励政策就是针对人的全脑（创新）。从组织的维度看，变革时代，激励方式的变化是一切战略变化的基础。陈春花老师有一本书《激活个体》，这个提法我非常喜欢。

创新，源自人的创造力。企业的负责人很有创造力，能想出一两个绝妙的想法，这并不是最重要的，因为他的想法永远是有限的，而且也是需要市场验证的。所以对一个变革型企业或者正在进化中的企业来说，最重要的是要让整个机构有创新的能力，就是获得新能力的能力。怎样才能有这种能力呢？要设置一种新的结构、一套恰当的激励体系以及一个合理的选择机制，这样的企业会处在一种生生不息的状态中，自我生长出一些企业负责人想象不到的好想法、好手段，最终被合适的选择机制筛选出来，带着企业去适应这个时代的变化。

从海尔、韩都衣舍、芬尼克兹等众多转型案例中，我们发现，面对变革时代，确实有一种“全脑红利”存在。激发并使用这种全脑红利，在成功的方法论并不确定的情况下，让每一个员工的智慧被激发，是企业是否能推动产品、营销、渠道变革，享受另外三大趋势红利（流量红利、社交红利、创新红利）的基础。

我们将用一章的篇幅来讨论这个重要的话题。

第1节　传统企业的创新机制：7—2—1法则

我们把传统企业获取“全脑红利”，打造创新力的方式，根据技术的不确定性、市场的不确定性两个维度，分成三种不同的手段：延续性创新、平台型创新、颠覆式创新。

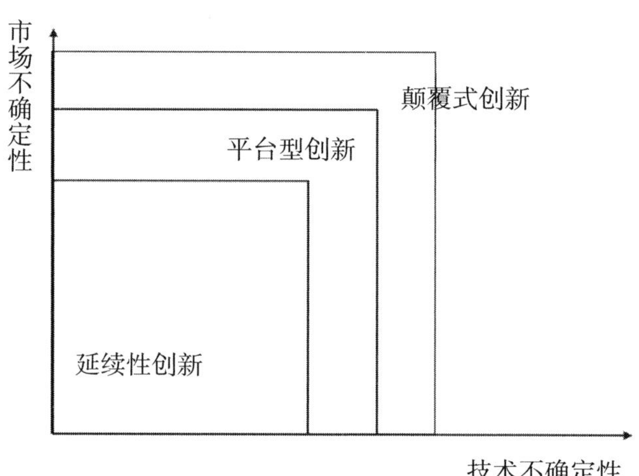

我们把技术不确定性、市场不确定性都相对较低的创新，称为“延续性创新”，也有不少人称之为“微创新”。

两个陌生人之间的基因相似度高达99.5%以上，因此转型企业说自己要彻底变掉，这是不现实的，也是不必要的。对大多数企业来说，主体核心不能随便变。在没有建立新能力的时候，就放弃旧能力，真的有可能“转型就是找死”了。我们认为，并不是每一家企业都应该“自杀重生”。大部分企业应该是通过渐变式创新，或者叫延续性创新，获得进化。

即便是在巨大变革的今天，绝大多数企业都应该在过往成功的基础上，基于今天的核心能力去拓展自己明天的能力。比如说一个人过去肌肉很发达，那就继续把它练得更加发达，以拿起更重的武器。

来看一些案例。

“案例教学法”这件事情的本身就是一个“延续性创新”，它大大提升了哈佛商学院的美誉度；再比如海尔把冰箱和洗衣机做得更小巧、更省电，是制造业的延续性创新；海底捞火锅店提供免费的美甲服务，是服务业的延续性创新。

延续性创新，是企业的一种重要选择。企业过去也许已经做得不错了，但是新挑战来临，就需要在原有的基础上做得更好。延续性创新大概占公司创新的70%。

第二种手段叫作平台型创新，机构创新的时候并不要求每个单元独自去创新，而是搭建一个平台，基于公司今天的外部市场、内部资源，给员工一段创新的时间、一些创新的资源，去做新产品、新服务的开发，企业跟员工共享未来的收益。

我们用相对独立一些的“平台型创新”，应对技术不确定性与市场不确定性都相对更高的变革环境。

比如你做一些核心的研发，公司觉得这个想法不错，就投一些钱，占一些股份，支持你去创业，在创业过程中还可能提供供应链、渠道等资源的支持。如果创业效益真的很好，那么你可以选择用当时的市价把公司最初的股份回购，公司获得投资收益；或者公司继续投资增持一些股份，帮助你把事业进一步做大。组织内部做孵化器，就是平台型创新的一种。这种创新，成败一部分是由市场选择，一部分由公司来选择。

来看一个具体案例。创业板上市企业冠昊生物2013年投资建设了冠昊生命健康科技园，两年时间引进了近30个生命健康科技项目和中小微企业，为它们提供从资金、创业导师、实验场地、研发仪器设备、销售渠道以及工商登记、项目申报等全方位的专业孵化服务。

冠昊为什么要推行平台战略？冠昊是生物医疗领域为数不多的上市企业，它用了近20年时间，以资金打造了一条生物医药领域科研成果产业化的高速路，但科研成果产业化的能力只服务于冠昊自己的几个产品，实在太浪费了。冠昊建设孵化器，是希望搭起平台，向同领域的初创企业开放资源和渠道，带动大家一起奔跑。以平台方式打造创新集群，显然有利于提高企业自身的竞争力。

平台型创新，大概占所有创新的20%。

第三种手段是颠覆式创新，是一条技术不确定性与市场不确定性都最高的创新模式。虽然颠覆式创新听起来非常高大上，但并不是每一家企业做每一件事情都需要搞颠覆式创新。颠覆式创新不应该成为所有企业的主要变革方向，否则它将失去今天赖以生存的主要能力，很可能还没有获得新的基因就已经死掉了。

颠覆式创新，大概占10%的创新比重。

颠覆式创新的目的是获得全新的基因（能力）。可是这种新的基因通常不太容易从母体里获得，甚至因为冲突，新的基因一旦进入母体，母体的免疫系统会把新的基因当作病毒或癌细胞给杀死。

所以新的基因通常是外部化的，新的基因通常是通过并购、投资，或者成立一家新公司的方式来获得的。比如谷歌收购了全球最大的视频网站YouTube，Facebook用190亿美元现金加股票收购了世界最流行的即时通信应用WhatsApp，这些收购巩固了它们在全球互联网的领袖地位。

那么，如何来判断何时应该使用延续性创新，何时应该使用平台型创新，何时应该使用颠覆式创新呢？关键就在于，要看企业面临的变革环境的技术环境和市场环境。如果技术和市场环境都是大变，我们采取的战略路径，技术、市场的不确定极大，则“断臂求生”的颠覆式创新也许更合适，虽然这有些无奈。否则，我们应该选择更加适合企业变革环境的平台型创新或者延续性创新。

三种不同的手段——延续性创新、平台型创新和颠覆式创新，三者的比率，在整个行业变革时期，大约是7：2：1。个体企业，要选择合适的创新组织模式或者模式的组合，才会让转型企业比较稳步地去创新。

我们把技术不确定性、市场不确定性翻译成今天中国的现实情况。互联网首先是通过连接的方式，消除信息不对称，极大提高效率，所以互联网主要挑战的是基于信息不对称而存在的“传递价值”类企业。

所以，翻译成通俗的语言，不少传递价值类的企业，比如零售（苏宁、沃尔玛）、金融（银行、证券），可能必须直面颠覆式创新。而绝大部分创造价值类的企业，比如制造（工业品、日用品）、服务（餐饮、汽车修理店），可能真正需要的是延续性创新。

提升组织创新能力的关键是激活组织里面个体的创新愿望、创新能力。但创新通常是无序的，无序的创新必须有选择的标准，前面总论里说过，选择的标准就是趋势红利。有了选择标准，还要有选择机制，即由企业内部或者市场来优选其中有价值的、顺应时代趋势的改变，从而让这个企业本身发生一场变革。

延续性创新的选择机制是由机构内部来选择的，因为机构对现有的市场和客户是最了解的；平台型创新的选择机制，一半是机构选择，一半是市场选择，比如外部的风险投资是由市场决定的，员工被放到孵化器是由公司来决定的；颠覆式创新是对原来的一种破坏，所以这部分一定要外部化，主要由市场来选择。

“7—2—1”三大创新的组织设计，是三种“创新—选择”机制。我们来分别看看这三种“创新—选择”机制如何“激活个体”，享受变革时代的“全脑红利”。

第2节　三大全脑红利

延续创新：文化+竞赛+培训

延续性创新，用一句话来说，就是怎么有创造力地把原来的事情做得更好。

因为这种做得更好，需要激发更多的员工在他们每天的工作中持续发现，不断改进，激活个体，用到“全脑红利”，所以我们有几个建议。

首先，让每一个人都能基于本职工作创新，其核心是要建立一种创新的文化。

我每年做100多场演讲，很容易在台上看出一家企业的文化。有些企业，自由发表意见，会心之处哈哈一笑。而有些企业，笑之前，所有人的眼睛偷瞄一个方向，而那个方向的人面无表情，不置可否。你明白，这就是文化差异。第二种企业的文化，所有人表达之前，即便是要不要笑一下，都要领导事先首肯。在这种企业中，你觉得员工能够自由创新吗？

相反，有一次，我和某美国上市公司全球高级副总裁、中国区总裁吃饭，感叹美企在中国训练了一批人如何待人。他说，他还是个经理时，新总裁上任，他忍不住批判现状。几天后，人资通知他涨薪50%。为什么？你很优秀，我想提高竞争对手挖人成本。一句话，彻底拿下。如果通知：我们不喜欢抱怨的人！估计就失去了今天的中国区总裁。

这种“创新文化”起点，是允许不同，更允许犯错，就是当创新的做法出错的时候，大家更关心的是从错误中学习新的经验，复盘、学习、总结经验，形成知识库，而不是去追究犯错的责任。

犯错，是创新的必然产品。

创新文化需要相关机制来保障。每个企业在既有的产品基础之上，都要留一定的时间来创新。比如谷歌将20%的时间作为员工的自由时间，用这个机制激发大家的创造力；宝洁留25%的时间来做新的事情；做不干胶的3M留15%的时间让大家做新的事情。建立“创新奖金”的机制，对每一个有效的点滴创新给出奖励，可以激励员工获得创新所带来的收益。

其次，除了创新文化，第二个更具体的方法是举行“创新竞赛”，公司每个季度举办关于创新的比赛，比赛是基于各自的部门、各自的工作、各自的岗位来进行的。大家的创新都是基于今天的产品、今天的流程、今天的客户关系方面的提升。这就是“延续性创新”。不断让自己的产品做得更好，立于不败之地，这非常有助于企业在既有的市场里获得更大的竞争力，或者提高竞争对手取代你的难度。

绝大部分公司可以用这样的方式来搞创新。

最后，组织一些创新方法的培训，让员工获得创新的能力。在这方面有不少有效的方法，比如德鲁·博迪、雅各布·戈登堡的书《微创新》（*Inside the Box*）里列举的一些提高个人（员工）创新能力的系统性方法，就很有借鉴的作用。他认为，企业可以通过减法策略、除法策略、乘法策略、统筹任务策略和关联策略来实现创新，这是一套很好的方法论。“六顶思考帽”也是非常经典的方法，有人负责提供基本信息，有人负责提出创新建议，有人提出批评意见，等等，这套方法有助于形成比较完善的创新方案，已经在一批企业中得到了运用。还有“连续问五个为什么”，不断深究，触及本质，就会让大家对问题的本质进行很多思考，这也是一种方法论。

建立创新文化，进行创新竞赛，提供创新培训，并持之以恒，是延续性创新的核心。这中间，持之以恒是核心的核心。

我听过一个故事，天津一家企业连年亏损，最后被一家日本企业并购，很快扭亏为盈。记者采访问：“你们是用什么新办法让这家企业这么快就出现转机的呢？”日本企业家回答：“我们没用任何新方法，我们只是把原来这家企业的老办法严格执行了而已。”

平台创新：两种孵化器模式

前面提到过创新竞赛，如果真的有一个非常好的想法，不仅是对原部门的延续性创新，而且可能是对整个公司更有价值的新战略，它可能被开发成一个新的产品或孵化出一家新的公司，不但能满足现有的客户，还能满足一批企业过去没有接触到的客户，进一步扩大市场。那么，这就是平台型创新能做的事了。

平台型创新，简单来说，就是公司提供，或者变为平台，让真正有创造力的员工成为主角，发挥创造力，并因此分享带来的可能收益。

为什么在“延续性创新”和“颠覆式创新”中间，需要有个“平台型创新”？这和时代变革的特性有非常大的关系。

在一个大变革的时代，真正敢说能预知未来的人，几乎是没有的。这就导致了企业战略的窘境。在大变革的时代，假如说我们看到未来有100种可能性，而每种可能性都有100家公司在做，那么市场上就有1万家公司在“创新”，在试错。对于一家创业公司来说，它有万分之一的可能性成为新的巨头企业；而对于今天的巨头企业，它有万分之一的可能性保住自己的地位。当然巨头企业拥有的人才、资本、资源也要大得多。我们假设它有100倍于小公司的优势，那么，它将有百分之一的机会，成功度过这个大变革的时代，凤凰涅槃，浴火重生。这百分之一的机会来自极其精准的战略眼光和极其凶猛的战术执行。

这也是为什么很多人说“小公司几乎必然打败大公司”。准确一点儿的说法应该是：新公司几乎必然打败旧公司。再准确一点儿的说法应该是：1万家能力为1的新公司加在一起，几乎必然打败能力为100的那家旧公司，虽然代价是，那1万家公司中最终会死掉9900家。

那么，有多少企业的负责人能有“极其精准的战略眼光和极其凶猛的战术执行”，来打赢这场战争呢？说到预言未来的战略眼光，乔布斯算一个。但是，放眼世界，你很难找到第二个乔布斯。

所以，很多企业家选择的是我不用自己瞎猜的战略去指导这场战役。我让战略在将士中自己生长出来，我需要一套机制发现它们、孕育它们，然后，不断投资那些被不断验证的战略。他们选择“用自发组织的方式，解决动态战略的问题”。比如海尔，企业做成平台，员工都是创客。我们把这种方式叫作“平台型创新”。

关于“平台型创新”，我们有两个建议。

第一个建议，在企业里形成一个孵化器，可以叫作创新孵化器，或未来中心、创新中心。让一些符合标准的，比如说符合公司的战略方向，以CEO为代表的高层觉得这个创新有可能对公司的未来发展有较大贡献的，就允许员工带领一个小团队进入孵化器。

这时候有个非常值得注意的事项：这个创新团队是否愿意降薪进入孵化器。

这个非常重要，考验团队愿不愿意承担一定的风险，其实也是考验这个团队对这件事情的信心和投入程度。比如说只拿基本工资进入创新团队，但他们享有这个产品较长时间的分红权来获得长远的收益，这样创新团队才有一定的风险和压力，也会被未来可能出现的更大的收益所激励。如果只有可能的收益，却没有任何风险，进入创新孵化器后，则风险将会降临在没有人真正对此负责的“孵化器”上，失败率会大增。

第二个建议是采用类似于海尔的方法。在创新孵化器的选择机制中，机构选择比较重要，海尔也是做孵化器的，但更倾向于市场选择。海尔小微企业孵化成功的标志就是要拿到外部的投资，它们一旦拿到外部的投资，公司就会配备相应的投资。获得外部的投资一定程度上代表了市场的认可，这是用第二种方法来做创新中心。

互联网时代开始大量出现平台型企业，企业利用互联网连接一切的能力，将员工、管理者、用户、供应商、投资方聚集在一起，企业运营的效率得以提升。在这里我们主要谈企业如何用平台模式提升创新力。韩都衣舍的“平台+小组”模式和海尔的“平台+小微企业”模式非常值得传统企业参考借鉴，我们用这两个案例说明平台型创新的具体做法。

案例：韩都衣舍　平台+小组

在服装类淘品牌中，韩都衣舍、茵曼、裂帛是三个最著名的标签。近一年来，在这三个品牌的百度指数对比中，韩都衣舍增速不断加快，明显拉开了与后两者的距离。截至2016年2月，韩都衣舍的百度指数突破2400点，茵曼接近800点，裂帛接近700点。韩都衣舍比两者的总和还多一大块，这充分说明了韩都衣舍巨大的品牌活力。

我们认为，韩都衣舍的活力来自于其组织变革的巨大成功。

韩都衣舍创立于2008年，赵迎光带着7000块钱开始在淘宝做女装，到2014年度销售额达15亿元，这是由268个小组共建的20个品牌创造出来的。

传统服装企业的老板基本都会参与选款，但是毕竟一个人的能力和精力是有限的，在大量选款的时候失误率会比较高。

韩都衣舍吸取行业教训，决定汇集众人之智，推出“小组制”，从设计师部、商品页面团队及对接生产和管理订单的部门中，各抽出一个人组成三人小组。这些小组可以决定款式选择、定价、生产量和促销方案；每个小组的资金额度也自由支配，销量越大，额度越大，可以下的新订单也就越大。同时，小组要对经营结果负责，根据毛利率、资金周转率状况来获得团队的提成。这种机制使得每个小组都有很强的压力和动力，能够充分激发出每个人的能力。

每个经营小组跟摄影小组、生产小组等直接对接，这些服务性的小组能力越强，接到的活儿就越多，收入就越多。

看过了小组的运营模式，再来看看韩都衣舍的平台支持。

集团总经办下设品牌规划组与运营管理组。品牌规划组会协助新品牌解决前期的市场调研、商标注册、知识产权保护等工作；当新品牌的营业额过了1000万之后，由运营管理组接手，支持其发展壮大。

企划部负责把握品牌和品类的产品结构和销售节奏，为品牌规划组和运营管理组提供专业建议。

每个子品牌除了产品团队，还会配备营销团队来提炼产品卖点、做产品规划。

总之，平台和小组密切配合，造就了韩都衣舍快速而又稳健的发展。2016年2月23日，韩都衣舍天猫旗舰店粉丝收藏数字为985.5万，逼近千万大关。在天猫所有店铺中，韩都衣舍旗舰店居于NO.1的领先地位，很可能会成为历史上第一个突破千万收藏的单店。巨量的收藏充分说明了消费者喜爱程度高、市场占有率高。

海尔　平台+小微企业

海尔一直在组织和管理上有很深的造诣。张瑞敏一直是令人尊敬的管理哲学家。他提出过日日清、人单合一。但是面对互联网，他提出了“人人创客”。海尔把几万人的企业拆成几千个小微企业，每个小微企业都有自己的三张财务报表。海尔希望通过与用户零距离接触的方式，面对未知的未来，极大地激发大家的创造力，带来由下而上的变革。

海尔让企业成为创业平台，让千千万万的小微企业来海尔平台创业，这是一个大跨步并且大胆的尝试，是绝大部分企业都没有尝试过的事情。很多人特别关心，海尔这么转型真的能成功吗?

目前海尔集团的7万多人已经有2万人离开企业加入创业大潮中。整个企业变成了一个动态平台化的组织，以前的层级结构是一层一层的，主要负责沟通传递，把用户的一线需求传递到顶层；现在是“平台+小微企业”，一线的员工团队直接和用户去对接，这样以前上传下达的中间管理层大部分就不需要了，就去掉了。这些人大部分转型为创业项目负责人，还有一小部分直接被淘汰离开企业了。

比如说有些总部职能部门就去掉了，因为现在这个工作交给小微企业了，就不需要专门的职能部门了，所以这些原职能部门的员工要么融入到小微企业里边，要么就离开企业。

改革之后，员工的创业激情有很明显的改善，因为他们自己投入资本创业了，角色完全变化了，以前可能是被动打工，现在自己也是老板了。

光有员工的创业激情是不够的，海尔的创业平台“海创汇”能为创业团队提供五方面的专业服务：

海尔的创客工厂有价值几千万的3D打印设备，可以给小微硬件企业提供模具试制开发服务；海尔的创客学院可以提供管理、融资、上市等方面的培训；海尔创客服务平台提供财务、人力、法律等方面的咨询服务；海尔创业基金有13亿的资金可用于投资创业项目；海尔在青岛还有创业基地，也就是所谓的孵化器，海尔叫加速器，一些比较成熟的项目，需要加速的话可以到这个平台上来，进行孵化，发展上市。首批国家众创空间和首批国家双创示范基地，由企业建设的只有一家，就是海尔的海创汇加速器。

在小微企业和创业平台的共同努力下，目前已经有不少成功案例：雷神笔记本电脑、iSee迷你投影机、咕咚手持洗衣机、焙多芬智慧烤箱、馨厨冰箱、有住网……其中有相当多的小微企业是外部过来合作的，比如种菜神器、健康医疗设备……

众多小微企业的成功对作为平台的海尔意味着什么呢?

海尔的收益分两部分，第一部分是股权收益，小微企业的资本构造是海尔出一部分，个人出一部分，再加上风险投资。跟海尔发展的产业方向有关的小微企业，海尔占股份的大头；跟海尔的产业规划不是直接相关，但市场前景很好的小微企业，海尔占的股份就比较少，社会资本占大头。

海尔的第二部分收益是能抓住未来的新产业机会。以前是海尔出去找新产业的项目，找完之后找另一个团队开始干，但是往往不行。现在这个创业平台，只要全世界有好的团队，都可以进来。

有得必有失。有人问，海尔在最好的时期，拿出这么多精力和时间建设创业平台，会不会耽误不少市场机会？但我访谈海尔集团战略部总经理张玉波的时候，他说："海尔不是简单追求业务规模上的增长，海尔更关注这个创业转型战略到底能不能成功。因为，这才是未来。"

中国改革开放史上有个经典的课题：改革、发展和稳定的关系。企业转型同样要处理好这个问题。海尔转型10年收入复合增长6%，利润复合增长30%，利润复合增长是收入增长的5倍。不管转不转型，海尔产品（冰箱、洗衣机）在市场上的竞争力还是不容撼动的，如果转型就撼动了，那么就说明转型失败了。

还有不少人关心，海尔成了一个平台，那它和众多小微企业具体是什么样的关系呢？海尔创业平台最终会演变成什么样子呢?

目前这2000多个小微企业可以说都是海尔的，因为它们离不开海尔的资源；也可以说它们都不是海尔的，因为它们脱离了传统家电平台。

目前海尔平台上有5万名员工，有一部分员工已经不再和海尔签劳动合同了，他们是小微企业的小微企业主和成员，从某种意义上说，跟海尔集团已经没有了雇佣关系。

如果再往下发展到极致，海尔就完全是一个创业投资平台了。到时跟海尔直接签约的员工可能只有几千人，甚至少到只有几百人。但海尔不完全是个投资机构，因为投资机构没有品牌，不会追求产业的发展，只要赚钱就行了。海尔还是有自己的品牌，自己的产业方向，围绕“智慧家庭战略”展开生态布局的。

张玉波对我说：“海尔认为没有成功的企业，只有时代的企业，我们还在探索，我们认为战略方向是对的。以前的海尔是封闭的，生产、研发等都是自己的，一切都是内部体系来培养，事实证明问题也很多。第一，内部的动力和潜力没有释放出来；第二，和国际竞争对接不起来，全世界最好的资源实际上都不在你的公司。现在的海尔完全是另外一个海尔，是一个开放的平台型企业，海尔的开放是一个彻底的开放，我们相信没有企业像我们一样，把整个大企业的组织彻底打散进行转型，孵化出2000多个小微企业，让员工成为自己的CEO，成为一个创业者。我们这种变革的决心是坚定的，会始终坚持向开放平台的方向去做。”

“我们希望两三年后能看到这一变革的成果。一方面，把这个平台或生态搭建起来；另一方面，我们希望创业平台上能够孵化出来千千万万个小微企业，而且它们都是成功的。”

颠覆创新：企业也要“养儿防老”

颠覆式创新通常不大容易发生在企业内部，没有人可以掐死自己。

颠覆式创新，也有几种具体的操作方法。

第一个方法，如果在企业内部产生颠覆式的想法，可以由对企业比较熟悉的内部人员成立一个新公司，来做CEO干这件事，然后从外部找一些有新思路新想法的人来组成核心团队，或者反过来由外部的人来做CEO，来自母公司的人做他的副手，他对母公司相当了解。新公司负责人直接向母公司CEO或董事长汇报工作，因为新公司跟母公司之间可能会有冲突关系。总的来说，母公司发起成立一家新公司是一个比较稳妥的做法。

第二个方法，如果从内部很难找到颠覆式创新项目，而大家预计这个领域有可能会出现颠覆者的话，可以成立一个“搜寻委员会”，专门在市场上寻找那些标的企业，经历过创业初期，已经证明其有基本的执行能力、管理能力、产品能力，得到了市场的初步认可，可以通过并购或合资，让这个企业成为对母体产生重要颠覆性的补充机构。这个机构不能随便融入到母体里去，它有可能会因为与母体的冲突，而被母体“杀死”。

如果把成立新公司的方法比成生儿子的话，并购或投资好比是领养一个儿子。总的来说，用并购或投资的方式获得一种新的基因，是非常有效的一种手段。

比如腾讯、阿里近几年大规模对外投资。在自己不具备相应能力但方向正确的领域，通过购买业内最优秀的前几名的方法，获得入场门票。

第三个方法是去寻找可能会颠覆这个行业的其他领域的巨头企业。比如可能互联网会颠覆本行业，那就去寻求一个互联网企业，合资成立一个子公司，共同生下一个儿子，这个子公司获得双方的基因，由它来领导变革。

我们把这种方式叫作“养儿防老”。每个企业真正进入最巅峰的时期，也就是转型开始的时候。转型，就是“养儿防老”，而不是幻想自己“长生不老”。

人类已经可以接受一个事实，就是“人是无法永生的”。但是，很多企业家还不能接受，他们认为自己所创立的这个企业可以永生。就像很多开国皇帝认为自家的王朝可以千秋万代一样。但是终究没有一个王朝，也终究没有一家企业，是可以真正永生的。

我以前在微软做职业经理人的时候，膜拜过一些研究企业如何实现持续经营的书，比如《从优秀到卓越》和《基业长青》，今天看来，这些书中有不少用来证明企业可以长青的案例企业，今天已经衰败或者消失了。现在我自己出来创业，或者一些我的企业家朋友要转型，我们得继续思考，到底什么东西是长青的？

我们先来看看人类如何繁衍自己。人其实可以“永生”，但这“永生”的并不是自己的肉体，而是他的“基因”。基因是通过繁衍传承到下一代，然后再繁衍传承到下一代，以此延续。人类正在生长的肉体会不断进步，但是人的肉身的所有进步，我们都称之为“延续性创新”。真正的颠覆式创新，通常都是通过生儿育女，从自己的下一代开始的。

企业长青的问题，也要在基因层面寻求答案。

现在不少人评判一家公司，比如说评判柯达、评判微软，会说这些公司转型不成功是因为它们的基因不对。那么，企业基因具体包含哪些因素？我们认为企业基因至少包含价值观、流程和资源这三个要素。这个理论源自克里斯坦森，我在《互联网+：小米案例版》一书里做过介绍。

企业转型维艰，首先是因为基因里的价值观是很难改的。这跟人的心理规律密切相关。

英国科幻作家道格拉斯·亚当斯提出了充满幽默感的科技三定律：

◆ 任何在我出生时已经有的科技都是稀松平常的世界本来秩序的一部分；

◆ 任何在我15—35岁之间诞生的科技都是将会改变世界的革命性产物；

◆ 任何在我35岁之后诞生的科技都是违反自然规律要遭天谴的！

这是道格拉斯对人性弱点的精彩讽刺。一个人出生之前的世界是先人构建的，天然存在，理所当然。出生之后他不断寻求自己的成功，走向自己的成熟，他把自己的事业优势建立在新科技、新模式、新能力之上，比如工业革命时期的蒸汽机，或后来的电力，他发现新科技太有价值了，他亲眼见证了新科技改变世界，甚至他是和新科技一起改变世界的人。可是一旦到了35岁之后，他的价值观已经形成，并在取得了一定的成就之后，心态也会发生改变，他希望自己的成功基础是不会变化的。此时，更新的科技、更新的模式、更新的能力出现之后，会对他形成挑战，甚至把他成功的基石都毁了，他认为这是反人类的。

那么谁才能真正接受新的科技、新的事物呢？那些15岁到35岁的人，这些人通常是他们的下一代。所以，通过生儿育女的方式来适应时代的不断变迁，这是人类发展的一个迭代的方式。

企业也会出现成熟后走向固化的情况，跟人类是一样的，因为企业的核心就是人。

在做转型咨询和培训的两年里，我接触了很多行业，我认为银行是最难拥抱互联网的。为什么难呢？

我见过很多银行界人士这样评价互联网："什么互联网金融，你们只不过是在国家还没有监管到你的前提下，干了一些非法的勾当而已，你们懂什么风险管理、什么信用管理啊！"

然后互联网人士怎么评价传统金融呢？他们说："你们这些银行啊，老朽腐败低效率。你们那叫什么风险管理？你们只不过让人拿200万的房子来抵押，然后借给人家100万，这有什么风险可言？不做任何抵押，你把钱借给别人试试看？这才是风险管理。”这两边的人价值观截然不同，导致传统金融企业的转型不能遇到困难。一旦遇到困难，就会有一群人在后面说，你看，当时我说过了吧，你们这些人太冒进，所以最终出了问题。还是要回到我们正确的道路上，这些所谓的创新，都是泡沫。而会有另外一群人说，这些挑战，是在转型过程中必须经历的坎，你迈不过去就会死掉，但是如果你连迈都不迈，会死得更惨。这样，双方的价值观就产生了严重冲突。

所以一个机构几乎不可能通过洗脑的方式把35岁以上的人（成熟阶段的人）的整个价值观改变。就像上面所说，人到35岁之后就很难接受新科技了。例如，很多上了岁数的成功人士习惯用功能机，他会说这些智能手机你们年轻人用用就可以了，我就不用这个东西了。因为他的习惯、他的整个世界已经在固定的框架里面了。

企业基因的第二部分是流程。公司一旦新成立一个部门来进行转型，新部门往往会受到流程上的挑战。

比如母公司的财务部门就会对这个新部门说：“告诉我你们明年的预算是多少吧。”新部门的负责人就会告诉母公司财务部门的人：“哎呀，我也不知道明年会花多少钱，你看我能不能花多少是多少啊？”

财务部门就会把他掐死，那怎么可能呢，每个部门、每个子公司都有自己的预算，你不告诉我你明年花多少钱，我怎么知道给你留多少钱呢？

大家想一想，一家公司创业的时候，有预算体系吗？创业时是没有预算体系的，你不知道创业要花多少钱，因为你在不断地对各种各样的可能性进行尝试，不断地试错，每天面临无穷的变化，你根本就不知道全年要怎么做。预算体系是在成熟阶段才形成的，就像一个人到成熟期之后才慢慢形成有规律的生活，而在早期的时候都是在尝试着各种可能性，你也不知道未来该从事什么职业，该干什么事情。

所以企业流程，尤其是财务的体系、法务的体系、人力资源的体系、审批的体系、IT的体系，恰恰是把新的机构给框死的东西。从人的角度看，父母老是教孩子一些条条框框的东西，但孩子总是很叛逆，总是觉得有些东西并不符合这个时代。这就是流程方面的挑战。

企业基因的第三部分叫资源。企业能干A类事情，但不一定能干好B类事情。

以人力资源为例，一个人把A类事情干得很好，所以当了公司副总裁，但是公司转型，需要干好B类事情的能力，擅长干A类事情的人就受到挑战了。比如银行柜员有快速数钞票的能力，以前银行系统还举办全国范围内的数钞票大赛，但有了点钞机，这个能力就不重要了。转型过程中能力需求发生了变化，导致人力资源的需求也发生了变化。这个时候，那个擅长把A类事情做好的副总裁，也许一开始欢欣鼓舞，但是总有一天他会意识到：原来这个机构转型成功，就是以干掉我为代价的啊！

总之，一个机构会发现价值观、流程、资源发生变化的时候，机构真的面临着所谓基因的变化。因此真正面临战略转型的时候，在已经形成既定规律、行事方式的成熟母体里面去转型，在价值观、流程、资源上都会有极大的束缚，成功的可能性会比较小。因此，我并不建议每家机构都在它的母体里面进行全员洗脑式的转型。

那该怎么办呢？应该像人一样，生儿育女，然后允许小孩子经过“忘记、借用、学习”三个阶段实现转型。所谓“忘记”，是指这个孩子是不带任何记忆出生的，一片空白，所以这个时候他就不受你的经验、你的记忆、你的条条框框的约束。然后他要“借用”，你要教他一些东西，他要在你的资源帮助之下不断成长。第三个阶段是“学习”，慢慢地他会与外界接触，学习吸收，形成一些自己的价值观，他甚至跟你冲突，你会觉得很郁闷，他为什么不听你的。但当你发现他用不一样的方法却成功了，甚至比你更成功的时候，你会觉得非常高兴，他已经变成一个独立的、符合新时代要求的人，他长大了。这就是“忘记、借用、学习”的过程。

企业应该通过生儿育女的方式，也就是通过成立新机构的方式来实现转型。新公司向母体借用资源，母体同时也向新公司学习，并等新公司长大之后再来帮助自己，通过这样的方式来达成转型，最终“养儿防老”。

还有一点要强调：转型要趁早开始。你看一个人通常是在他最年富力强的时候生了他的下一代，然后在他还非常强壮的时候来帮助他的下一代成长。而等到一个企业已经进入黄昏的时候，到了老无可养的时候，再去生个儿子就已经完全来不及了。很多企业今天转型的时候，其实已经遇到了极大挑战，明显在走下坡路了，然后再以临时抱佛脚的心态，想着通过转型来救命，这个时候有可能已经来不及了。转型的方法论不是速效救心丸，生个儿子也不是一天之内就能长大的，需要一个慢慢抚养的过程。因此，企业要在最年富力强的时候拥有这样的远见，做出前瞻性的判断，生个儿子进行转型，然后在自己最强壮的时候帮助他成长，使他慢慢获得成功，这是很多企业比较常用的转型路径。

比如谷歌，在搜索引擎领域获得成功以后，不断尝试眼镜、汽车、机器人等新的领域。当遭遇挑战甚至失败的时候，还有不少人嘲笑谷歌，说你做个眼镜也不过如此嘛。但是等到大家都老去的时候，谷歌膝下儿孙满堂，我们就会知道是谁在裸奔了。

再比如腾讯，微信和QQ终有一战。微信推出了PC版，意味着腾讯最高层已经默认了弟弟到哥哥家里打劫。虽然这不意味着QQ会死，但这意味着腾讯对QQ最核心的战略地位的放弃，让兄弟俩用“勇者胜”的逻辑战斗。我相信QQ也必然会奋起作战，但是，这对QQ是个不小的挑战。

这样的战略性放弃，听上去很残酷，但确是“颠覆式创新”的必然选择。这种战略性放弃，也同样发生在很多著名的公司身上，比如微软。

微软的Windows和Office一直是最好的兄弟，Windows是家中长子，对弟弟如父如母，拥有最高的战略地位。当PC互联向移动互联迈进，PC时代的王者Windows受到iOS和Android的跨界挑战时，微软决定用弟弟保护哥哥：Office只出Windows Phone版本，不出iOS版本和Android版本。

用弟弟战略性地牵制敌人，来保护哥哥。可惜，哥哥并不争气，Windows Phone一直止步不前。微软新的CEO上台之后随即宣布：微软将发布Office for iPad。这意味着弟弟开始和敌人合作，哥哥，你自生自灭吧。这是微软对Windows战略性地位的放弃。当然这不意味着Windows从此消失。反而，这可能极大地刺激了Windows的斗志，让其意识到所面临的真正处境。最近发布的Windows 10也许真是发愤图强后的产物。也许弟弟能开创一番事业的同时，哥哥也能重新辉煌。但是，微软放弃了一切产品服从于Windows的决定，反而让微软的股价涨到了14年来的最高点。

对曾经的成功的战略性放弃，是一种“多么痛的领悟”，这相当于向所有人承认，我曾经最引以为豪的东西，今天确实已经是包袱，这需要极大的勇气和智慧。

颠覆式创新有个比较重要的机制——“合伙人制”，以共创、共享、共担取代简单的雇佣关系，比如万科就在积极探索事业合伙人制度。在这里我们想要介绍的“合伙人制”是芬尼克兹的“裂变式创业”模式。

案例：芬尼克兹的“裂变式创业”

我曾专门飞去广州南沙，和芬尼克兹的创始人宗毅聊了近3个小时。裂变式创业，我个人认为，本质上是：（1）从人的角度，如何把转型变为创业；（2）从资本的角度，如何平衡公司的控制权和创业团队的收益权。

宗毅认为，在母公司牵头成立的新企业中，总经理必须是创业者，怎么做呢？他自己必须掏钱出来，占新公司10%的股份。比如1000万的公司，10%，就是100万，这对一个员工来说，不少了。如果员工掏出100万，公司就敢给你配更多的钱。宗毅说：我不相信干股，干股是共享受益，但是不共担风险。加上总经理，整个创业团队加一起持25%股份，公司配50%，还剩25%，让原有公司高管和员工投钱。早期，高管必须投。这样，新公司的利益和原有公司里面的人死死绑定。创始团队虽然只有25%的股份，但是享有40%的分红权。用分红权弥补股权，这是一套完善的激励机制。

有了好的激励机制，还要有好的创业团队。那怎么才能选出正确的人呢？宗毅让他的团队去参加创业大赛，这又是一套精妙的选人机制。在决赛阶段不是轻飘飘地投票，而是让公司的管理层投钱选出创业团队。投钱制度解决了拉票的问题。当每个人拿自己的钱去选人的时候，一定是最认真理性的。最终选出来的团队是大部分人认为能够赚到钱的，意见会比较统一。

这种投资机制让提拔优秀的年轻人变得更容易。企业转型往往会遇到一个很麻烦的问题，就是企业伦理难以打破。下属很难变成上司的老板，后入职的员工很难超越老员工的级别，一旦超越，就会有企业伦理方面的压力。总经理可能遭到老员工的质疑，凭什么轮到这个新人升职，怎么着也该轮到我了吧。但是如果这个年轻人愿意拿出自己的钱来赌这个项目，企业伦理自然会被打破。一个经理级的人愿意拿出100万元，如果总监说这个事应该让我来干，那也可以，你拿100万元出来参与竞选。

另外，这样的方式，自我报名出来的团队，最大的好处是自动自发。我去采访的时候，发现一个总经理，把自己原来70万的年薪，主动在新公司降到5万。这件事说明这个总经理对未来有巨大的信心。这样的团队，加上这样的战略，也许能获得更大的成功机会。

所以，我们说，转型研究战略，也要同时研究组织。一切转型的问题，到最后都会触动到现有组织的既得利益，一切的问题，最终都是组织问题。

互联网时代的底层“连接”逻辑，极大地缩短了人与人之间的距离，“组织”人的方式，也相应地发生了极大的变化。如何快速地理解这种变化，激发每一个人的“全脑”，必将成为支撑“产品、营销、渠道”获得充分势能和动能的基础。

思考题：

1. 如果你是老板，请思考自己公司的激励机制是否足以调动全体员工的创业创新积极性，发挥出“全脑红利”。

2. 请思考如何在自己所处组织建立一套长期的创新竞赛机制。

3. 请查找国外的一些平台型创新案例，思考其与海尔和韩都衣舍的异同。

4. 芬尼克兹的“裂变式创业”模式已经引起很多企业的兴趣，请思考这个模式是否可能在自己所处的公司实践。

POSTSCRIPT
跋

传统企业转型急需“顶层设计”

有一次心血来潮，我翻出在微软奉为“圣经”的时代巨著《基业长青》，却赫然发现，那些作为基业长青的代表的企业中，不少已衰败，比如摩托罗拉惨遭卖身，宝洁砍掉一半品牌，惠普处境窘迫，索尼濒临破产，IBM业绩13个季度连跌。我不由唏嘘：这世界变化越来越快，这世界上从来都没有什么永续经营。所谓永续经营，就是在每一个重大的企业转型期，都能成功转型。

近一年来，我在微信上记录了观察和接触到诸多转型成败的案例：

舅舅来找我，聊了很久。他是某著名鞋牌江苏总代，也有30多家自营店，但2015年关了一半，问：怎么办？我说中国商品平均定倍率4倍，鞋类8—10倍，在互联网效率冲击下，转型成功的密码是：如何能降到3倍，还赚更多钱？我们聊了一整套的打法。这些打法对近60岁的舅舅来说，理解不易，做到更不易。

在一次活动中，我和“海上阿叔”创始人顾成一桌。他说他做“海上阿叔”15年，最多时1000多人，但两年前卖了，越来越不好做了，现在只剩1家。他的好友经营天天渔港，那么多年赚的钱这几年几乎赔光，然后全部关掉回家不干了。我问：那怎么救？他说：没得救。如此决绝，背后会是多么痛的感悟。

2013年度经济人物，雷军和董明珠，在2015年都遭遇了瓶颈。小米销售增长放缓（因为激烈的竞争），格力销售甚至负增长（因为中国经济疲软）。谁会赢已经更不重要了，两个人从来都不是真的竞争对手，两个人的对手其实都是环境、趋势、用户的选择。苦练七十二变，笑对八十一难。

2016年年初，我受邀回到奉献了我青春的微软，和不少认识但更多已不认识的同人，分享我对快速变化的世界的理解，以及我站在外面如何看微软。微软需要警惕的不是另一个PC操作系统，而是那个不需要PC的时代。现在用iPhone不会被总裁Steve一把椅子砸过去了，微软美国云计算收入占一半左右了。

很多人都说，2016年是最困难的一年。观察和接触了这么多企业，我的感触是，对于所有仅仅靠勇气，而不去理解时代规律的企业，每一年都是最困难的一年。阿里巴巴聚划算事业部总监刘博说，马云对阿里成功最大的贡献，是远见，他能够站在未来看今天。但即便是阿里，也只有5%的产品、服务活到今天，其他都被干掉了。有了智慧的远见，再加上勇敢的尝试，是今天成功的基本条件。

马云的伯乐、被美国《商业周刊》称为“电子时代大帝”的孙正义，在转型时代再次体现了他的智慧和勇气。

在2014年度软银世界大会上，孙正义语惊四座：“（2050年）日本的经济竞争力将能够成为全球第一，日本将不再是‘日沉之国’，而将复活为‘日出之国’。”

孙正义从劳动力数量与成本两方面剖析了日本制造业竞争力下降的原因：中、美、印的制造业劳动人口数量分别多达7000万、1000万、1000万，日本则只有700万；同时，与中、印平均月薪分别只有7万日元、3万日元相比，日本的平均月薪为25万日元。

孙正义针对日本问题提出了他的“顶层设计”方案：联合富士康等厂商，大力发展机器人。在提高劳动力数量方面，日本若能导入3000万台可24小时工作（3倍于正常人）的产业机器人，就相当于增加了9000万劳动力；在降低劳动力成本方面，每台机器人的“平均月薪”（所需成本）仅为1.7万日元。

孙正义认为，改变世界的历史事件是由一些人在正确的时间利用先进技术而触发的。他强调："大家可能会笑，但我们需要认真对待看似梦幻的方案，即便只有1/100的人相信，也将有可能成功。"

未来已经到来，只是尚未流行。孙正义的信心来自对"趋势"的坚信，而收益，来自于趋势如果真的到来，随之而来的是，更早有准备的人赠送的巨额"红利"。充分利用好这一红利就足以拯救一个国家，更不必说一个企业了。

一直以来，我很强调转型需要系统思考，产品创新还只是企业经营的一方面，因此，我们基于"企业能量模型"中的四大元素：组织、产品、营销、渠道，帮助大家比较完整地提炼出了四大"趋势红利"。孙正义在研究的，可能已经是未来30—50年的趋势了，那是个大赌大输大赢的游戏。而我们希望通过本书，能帮助更多人，使用和享受未来3—5年的"趋势红利"。

企业可参考本书模型，集合自身情况，进行系统思考，完善自身转型的"顶层设计"方案。"顶层设计"在工程学中的本义是统筹考虑项目各层次和各要素，追根溯源，统揽全局，在最高层次上寻求问题的解决之道。本书探索"顶层设计"，同样是因为企业改革要从产品、营销或渠道的单兵突进，升级为"组织、产品、营销、渠道"四位一体的进化，如此才能应对日益激烈的市场竞争。

有了"顶层设计"方案，企业就该进入艰苦的战略落实阶段了。

落实战略需要苦练基本功。2015年攀登非洲第一高峰乞力马扎罗归来后，我深深意识到，最终要动用毅力爬山的，都是因为基础体能不够。我们穿着专业的装备空着手爬山还爬哭了，可背夫们脚蹬旧鞋头顶行李谈笑间就登顶了。这就是差距。创业和转型也一样，你干得那么辛苦，可能真是因为基础能力不够。悲情叙事，不如苦练基本功。

落实战略需要快速执行力，落实战略还要敢于犯错误。吴晓波说，自己企业的转型，投资失败2000万，再失败500万，又失败150万，跌跌撞撞到今天。转型要想，更要做，敢于犯错。那失败怎么办？人终有一死，死了都没试，对得起自己吗？坐下来要想清楚，站起来去做明白。

最后，我想祝愿所有在这个时代勤于行动、更勤于思考的企业家都能成功进化，成为商业新生代的“达尔文雀”。